Anton Liebetrau

Units und Utilities für Turbo Pascal

Die professionelle Toolbox
für die Softwareentwicklung
unter Turbo Pascal ab Version 6.0

Aus dem Bereich Computerliteratur

Effektiv Starten mit Turbo Pascal 6.0
von Axel Kotulla

Grafikprogrammierung mit Turbo Pascal 6.0
von Andreas Bartel

MS-DOS Profi Utilities mit Turbo Pascal
von Georg Fischer

100 Rezepte für Turbo Pascal
von Erik Wischnewski

Units und Utilities für Turbo Pascal
von Anton Liebetrau

Das Vieweg Buch zu Turbo Pascal für Windows
von Ekbert Hering und Alexander Mendler

Arbeiten mit MS-DOS QBasic
von Michael Halvorson und David Rygmyr
(Ein Microsoft Press/Vieweg-Buch)

Effektiv Starten mit Visual Basic
von Dagmar Sieberichs und Hans-Joachim Krüger

Das Vieweg Buch zu Visual Basic
von Andreas Maslo

Computer Animation ... vom feinsten
von Marc Schneider

Das Vieweg Buch zu Borland C++ 3.0
von Axel Kotulla

Effektiv Starten mit Turbo C++
von Axel Kotulla

Objektorientiert mit Turbo C++
von Martin Aupperle

Vieweg

Anton Liebetrau

Units und Utilities für Turbo Pascal

Die professionelle Toolbox
für die Softwareentwicklung
unter Turbo Pascal ab Version 6.0

Die Deutsche Bibliothek - CIP-Einheitsaufnahme

Liebetrau, Anton:
Units und Utilities für Turbo Pascal : die professionelle Toolbox für die Softwareentwicklung unter Turbo Pascal ab Version 6.0 / Anton Liebetrau. - Braunschweig; Wiesbaden : Vieweg, 1992

ISBN 978-3-528-05211-9 ISBN 978-3-322-90607-6 (eBook)
DOI 10.1007/978-3-322-90607-6

Die Software-Routinen, beschrieben in diesem Buch, dürfen in eigenen Anwendungsprogrammen verwendet werden. Der Programmierer darf eigene Programme, die diese Routinen enthalten, in ausführbarer und compilierter Form ohne Einschränkungen oder Verpflichtungen zu zusätzlichen Lizenzgebühren weiterverkaufen; Dasselbe gilt auch für die Wörterbuch-Datei *SPELL.LEX*, wenn diese in eigenen Programmen verwendet wird. Die Quellcodes der einzelnen Units oder nur Teile davon dürfen weder weitergegeben noch verkauft werden.
Die zu diesem Buch gehörenden Demo-Programme (*SPELLCHK.PAS* und *MINIEDIT.PAS*) dürfen nicht weiterverkauft werden, jedoch können beliebige Teile der Demo-Programme in eigenen Programmen verwendet werden. Diese neuen Anwendungen müssen sich jedoch bei einem Verkauf so weitgehend von *SPELLCHK.MOD* und *MINIEDIT.MOD* unterscheiden, daß sie im Sinne des Urheberrechtes als eigenständige Programme schützbar sind.

Das in diesem Buch enthaltene Programm-Material ist mit keiner Verpflichtung oder Garantie irgendeiner Art verbunden. Der Autor und der Verlag übernehmen infolgedessen keine Verantwortung und werden keine daraus folgende oder sonstige Haftung übernehmen, die auf irgendeine Art aus der Benutzung dieses Programm-Materials oder Teilen davon entsteht.

Ursprünglich erschienen bei Friedr. Vieweg & Sohn Velagsgesellschaft mbH, Braunschweig/Wiesbaden, 1992
Softcover reprint of the hardcover 1st edition 1992

Umschlagsgestaltung: Schrimpf & Partner, Wiesbaden

Gedruckt auf säurefreiem Papier

Vorwort

Dieses Buch eignet sich besonders für denjenigen Programmierer, der für seine Software-Entwicklungen Turbo Pascal (ab Version 6.0) verwendet und trotz der vielen Standard-Routinen an Grenzen stößt.

Die fünf in diesem Buch beschriebenen Units enthalten rund 150 neue Routinen und erweitern Turbo Pascal beträchtlich. Es enthält Routinen zur Textverarbeitung und Maussteuerung. Besonders nennenswert erscheint mir die Unit *Spell*; mit ihr wird es möglich, anhand einer beliebigen Anzahl geöffneter Referenz-Wörterbüchern (fünf verschiedene Größen sind möglich) Orthographie-Fehler in einem Text zu suchen. Es erkennt zusammengesetzte Hauptwörter (mit und ohne Fugen-s), unterscheidet zwischen Groß- und Kleinschreibung und ist außerdem unglaublich schnell. Eine ähnliche Unit ist bis zum heutigen Zeitpunkt meines Wissens nicht auf dem Software-Markt erhältlich.

Dieses Buch ist in zwei Teile gegliedert. Der erste Teil beschreibt die Wirkungsweise der einzelnen Routinen und verdeutlicht einzelne Aspekte durch kurze Beispiel-Programme. Im zweiten Teil (Anhang) finden Sie nützlichen Tabellen und eine Übersicht aller Units. Schließlich werden die von der Unit *Spell* verwendeten Algorithmen und Datenstrukturen ausführlich erläutert und mit Graphiken verdeutlicht. Auf den beiliegenden Disketten finden sie neben den beschriebenen Units und einem Wörterbuch mit rund 80000 Wörtern die beiden leistungsfähigen Demo-Programme *SPELLCHK.PAS* und *MINIEDIT.PAS*.

Die einzelnen Units sind mit größter Sorgfalt geschrieben und getestet worden. Da sich aber Fehler nie ganz ausschließen lassen oder vielleicht einzelne Routinen nicht Ihren Vorstellungen entsprechen, bin ich für Hinweise und Anregungen jederzeit dankbar.

Winterthur, März 1992 *Anton Liebetrau*

Inhaltsverzeichnis

Beschreibung der Units

Die Unit Mouse

Zweck
Erlaubt die Verwendung einer Maus als Eingabegerät.

Bemerkung
Um eine Maus betreiben zu können, benötigen Sie neben der Hardware auch einen Maustreiber (*MOUSE.COM* oder *MOUSE.SYS*), der die Funktionen zur Maussteuerung bereitstellt. Für die Installation des Maustreibers stehen Ihnen zwei Wege offen:

MOUSE.COM	wird wie ein gewöhnliches Programm gestartet und kann bei Bedarf in der Datei *AUTOEXEC. BAT* eingetragen werden (somit wird der Treiber bei jedem Systemstart selbständig geladen). Der Treiber bleibt resident im Speicher.
MOUSE.SYS	befindet sich als Eintrag in der Datei *CONFIG. SYS* und lädt den Maustreiber bei jedem Systemstart (erweitern Sie also beispielsweise die Datei *CONFIG.SYS* um die Zeile *DEVICE=C:\MOUSE.SYS*).

Die Unit *Mouse* erkennt automatisch, ob ein Treiber installiert ist. Falls nicht, sind die meisten Routinen nicht ausführbar (siehe auch *MouseReady*), jedoch behindern sie auch nicht die Programmausführung.

Turbo Pascal 6.0 verfügt über leistungsfähige Units (Turbo Vision), die sich für die Entwicklung von mausgesteuerten Benutzeroberflächen ausgezeichnet eignen. Dennoch ist in diesem Buch die Unit *Mouse* enthalten, damit die Maus auch bei kleineren Programmen (im Text- und Graphikmodus) als Eingabegerät eingesetzt werden kann. Folgende Prozeduren und Funktionen stehen in der Unit *Mouse* zur Verfügung:

AnyButton	Prüft, ob eine beliebige Maustaste gedrückt wird
Buttons	Ermittelt die verfügbaren Maustasten
ConvertCoords	Konvertiert Maus-Koordinaten
ConvertOff	Schaltet die Umrechnung (in Abhängigkeit des aktuellen Bildschirm-Modus) für die Maus-Position aus
ConvertOn	Schaltet die Umrechnung (in Abhängigkeit des gesetzten Bildschirm-Modus) für die Maus-Position ein (entspricht der Standard-Einstellung)

DoubleClick	Prüft, ob eine Maustaste in einer gewissen Zeitspanne zwei Mal gedrückt wird
DoubleClickRange	Prüft, ob eine Maustaste innerhalb eines bestimmten Rechtecks zwei Mal gedrückt wird
DriverSize	Liefert die Größe des Puffers, in dem die aktuellen Parameter des Maustreibers gespeichert werden sollen
GetClickPos	Ermittelt die Position, bei der eine Maustaste gedrückt wurde
GetMotion	Ermittelt die relative Mausbewegung in der Einheit "Mickey"
GetMousePos	Ermittelt die aktuelle Position des Mauszeigers
GetPage	Ermittelt die aktuelle Bildschirmseite, in der der Mauscursor angezeigt wird
GetReleasePos	Ermittelt die Position, bei der eine Maustaste losgelassen wurde
InitMouse	Setzt einige Maus-Parameter auf ihre Anfangswerte zurück
IsConvertOn	Prüft, ob die Maus-Koordinaten umgewandelt werden (in Abhängigkeit des gesetzten Bildschirm-Modus)
IsLightPenOn	Prüft, ob die Lichtstift-Emulation aktiv ist
IsMouseOn	Prüft, ob der Mauszeiger sichtbar ist
LeftButton	Prüft, ob die linke Maustaste gedrückt wird
LightPenOff	Schaltet die Lichtstift-Emulation aus
LightPenOn	Schaltet die Lichtstift-Emulation ein
MiddleButton	Prüft, ob die mittlere Maustaste gedrückt wird
MouseActRange	Prüft, ob sich die aktuelle Maus-Position in einem bestimmten rechteckigen Bereich befindet
MouseCondOff	Schaltet den Mauscursor aus, sobald dieser in einen gewissen Bildschirmausschnitt geführt wird
MouseOff	Schaltet den Mauscursor aus
MouseOn	Schaltet den Mauscursor ein
MouseRange	Prüft, ob sich ein bestimmter Punkt in einem rechteckigen Ausschnitt befindet
MouseReady	Prüft, ob eine Maus betrieben werden kann
RightButton	Ermittelt, ob die rechte Maustaste gedrückt wird
RestoreDriver	Stellt die zuvor gesicherten Einstellungen des Maustreibers wieder her

SaveDriver	Sichert die aktuellen Einstellungen des Maustreibers in einem Puffer
SetEventHandler	Installiert eine Prozedur, die bei bestimmten Maus-Ereignissen aufgerufen wird
SetGraphCursor	Definiert einen neuen Cursor für den Graphik-Modus
SetMousePos	Setzt den Mauszeiger an einen bestimmten Punkt
SetMouseRange	Definiert einen Bereich, in dem sich der Mauszeiger bewegen darf
SetMouseStyle	Wählt einen vordefinierten Graphik-Cursor
SetPage	Setzt die Bildschirmseite, in der der Mauscursor angezeigt werden soll
SetRatio	Legt das Ausmaß einer Mausbewegung fest
SetTextCursor	Definiert einen neuen Text-Cursor
SetThreshold	Legt fest, wann die Geschwindigkeit des Mauszeigers verdoppelt werden soll
SingleClick	Prüft, ob eine Maustaste während einer gewissen Zeitspanne genau ein Mal gedrückt wird
SingleClickRange	Prüft, ob eine Maustaste innerhalb eines bestimmten Rechteckes ein Mal gedrückt wird
SwapEventHandler	Tauscht die aktuelle Event-Prozedur mit der neuen aus

Die Prozedur *SetGraphCursor* kann folgenden vordefinierten Datentyp verwenden:

```
TYPE
  CursorType=ARRAY [0..31] OF WORD;
```

Eine Event-Prozedur muß dem folgenden Prozedurtyp *EventHandler* entsprechen (genauere Informationen hierzu erhalten Sie bei *SetEventHandler*):

```
TYPE
  EventHandler=PROCEDURE(event,taste:WORD; x,y:INTEGER);
```

Folgende Konstanten können zusammen mit den Prozeduren *DoubleClick*, *DoubleClickRange*, *GetClickPos*, *GetReleasePos*, *SingleClick* und *SingleClickRange* innerhalb einer eigenen Event-Prozedur verwendet werden:

```
CONST
  LeftBut   = 1;  { Linke Maustaste    }
  RightBut  = 2;  { Rechte Maustaste   }
```

```
CONST
  MiddleBut = 4;  { Mittlere Maustaste }
```

Folgende Konstanten können zusammen mit der Prozedur *SetEventHandler* und innerhalb einer eigenen Event-Prozedur verwendet werden:

```
CONST
  Move      =  1;  { Mausbewegung                 }
  LeftPre   =  2;  { Linke Maustaste gedrückt     }
  LeftRel   =  4;  { Linke Maustaste losgelassen  }
  RightPre  =  8;  { Rechte Maustaste gedrückt    }
  RightRel  = 16;  { Rechte Maustaste losgelassen }
  MiddlePre = 32;  { Mittlere Maustaste gedrückt  }
  MiddleRel = 64;  { Mittlere Maustaste losgelassen }
```

Schreib-Routinen: Damit der Mauszeiger nicht von Schreib-Routinen (Text- und Graphik-Bildschirm) überschrieben wird, ist es empfehlenswert, den Mauszeiger vor jedem Schreib-Vorgang auszuschalten:

```
Mouse.MouseOff;
WriteLn('Text-Bildschirm');
Mouse.MouseOn;

Mouse.MouseOff;
Graph.Line(0,0,100,100);  { Graphik-Bildschirm }
Mouse.MouseOn;
```

Standard-Maßeinheit: Die Standard-Maßeinheit der Mausbewegung wird in "Mickey" angegeben (1 Mickey = 1/200 Zoll = 0.127 mm); wäre die Maus ein Affe, dann hieße die Standard-Einheit "Fipps".

AnyButton

Zweck
Prüft, ob eine der Maustasten gedrückt wird.

Struktur

```
FUNCTION AnyButton:BOOLEAN;
```

Bemerkung
Die Funktion *AnyButton* übergibt den Wert *TRUE*, wenn eine beliebige Maustaste gedrückt wird. Falls keine Maus vorhanden ist, liefert *AnyButton* immer den Wert *FALSE*.

Siehe auch
DoubleClick, LeftButton, MiddleButton, RightButton, SingleClick

Buttons

Zweck
Ermittelt die Anzahl der verfügbaren Maustasten.

Struktur

```
FUNCTION Buttons:WORD;
```

Bemerkung
Die Funktion *Buttons* ermittelt die Anzahl der verfügbaren Maustasten. Nicht alle Mäuse, die dem Microsoft-Standard entsprechen, sind mit gleich vielen Maustasten ausgestattet (zwei oder drei Maustasten sind häufig anzutreffen).

Folgende Tabelle zeigt Ihnen, mit welchen Funktionen Sie prüfen können, ob eine bestimmte Maustaste gedrückt wird:

Maus mit	3 Tasten	2 Tasten	1 Taste
1. Taste	LeftButton	LeftButton	LeftButton
2. Taste	MiddleButton	RightButton	-
3. Taste	RightButton	-	-

Buttons liefert den Wert 0, wenn keine Maus verfügbar ist, andernfalls die Anzahl der verfügbaren Maustasten.

Beispiel

```
PROGRAM Buttons_Test;
USES
  Mouse;
BEGIN
  WriteLn('Anzahl Maustasten: ',Buttons)
END. { Buttons_Test }
```

Siehe auch
LeftButton, MiddleButton, RightButton

ConvertCoords

Zweck
Konvertiert Maus-Koordinaten.

Struktur

```
PROCEDURE ConvertCoords(VAR x,y:INTEGER; GraphToText:BOOLEAN);
```

Bemerkung
Die Prozedur *ConvertCoords* wandelt die Koordinaten des Punktes *(x,y)* in Abhängigkeit vom aktuellen Bildschirm-Modus um. Falls der Parameter *GraphToText* den Wert *TRUE* erhält, werden Graphik-Koordinaten in Text-Koordinaten umgerechnet (andernfalls umgekehrt). Standardmäßig liefert der Maustreiber immer Graphik-Koordinaten. Dies auch dann, wenn einer der verfügbaren Textmodi eingeschaltet ist.

Diese Prozedur ist dann sinnvoll, wenn die automatische Koordinaten-Konvertierung mit *ConvertOff* ausgeschaltet worden ist oder innerhalb einer Event-Prozedur (siehe *SetEventHandler*) berichtigte Koordinaten zur Verfügung stehen sollen.

Siehe auch
ConvertOff, ConvertOn, SetEventHandler

ConvertOff

Zweck
Verhindert eine Umwandlung der Maus-Koordinaten in Abhängigkeit des Bildschirm-Modus.

Struktur

```
PROCEDURE ConvertOff;
```

Bemerkung
Falls Sie eine Hercules-Karte besitzen, arbeitet die Konvertierung der Maus-Koordinaten normalerweise im Graphik-Modus nicht wunschgemäß. Hier kann es empfehlenswert sein, die Umwandlung der Koordinaten zu unterdrücken (nur nötig, wenn die Speicherstelle *$0:$449* den Wert 7 enthält; siehe hierzu auch die Bemerkungen bei *MouseOn*).

Siehe auch
ConvertCoords, ConvertOn, IsConvertOn

ConvertOn

Zweck
Wandelt die Mausposition in Abhängigkeit des Bildschirm-Modus um.

Struktur

```
PROCEDURE ConvertOn;
```

Bemerkung
Der Maustreiber (*MOUSE.COM* oder *MOUSE.SYS*) liefert für die aktuelle Mausposition Koordinaten, die nicht in allen Bildschirm-Modi günstig sind. Die Prozedur *ConvertOn* garantiert, daß die Maus-Koordinaten dem aktuellen Modus entsprechend umgewandelt werden (entspricht der Standard-Einstellung).

Siehe auch
ConvertCoords, ConvertOff, IsConvertOn

DoubleClick

Zweck
Prüft, ob eine Maustaste während einer gewissen Zeitspanne zweimal gedrückt worden ist.

Struktur

```
FUNCTION DoubleClick(taste,zeit:WORD):BOOLEAN;
```

Bemerkung
Die Funktion *DoubleClick* liefert den Wert *TRUE*, wenn die Maustaste *taste* in der Zeitspanne *zeit* (in Millisekunden anzugeben) zweimal gedrückt wurde.

Verwenden Sie bitte für den Parameter *taste* folgende vordefinierten Konstanten:

```
CONST
  LeftBut   = 1;  { Linke Maustaste    }
  RightBut  = 2;  { Rechte Maustaste   }
  MiddleBut = 4;  { Mittlere Maustaste }
```

Nach dem Funktionsaufruf wartet *DoubleClick* während *zeit* Millisekunden auf den ersten Tastendruck von *taste*. Ist dieser erfolgt, wartet *DoubleClick* erneut während *zeit* Millisekunden auf den zweiten Tastendruck. Somit unterbricht *DoubleClick* ein laufendes Programm im ungünstigsten Fall für *2*zeit* Millisekunden.

Bitte beachten Sie, daß *DoubleClick* in Wirklichkeit prüft, ob die Maustaste *taste* in der angegebenen Zeit zweimal losgelassen wird.

DoubleClick wird sofort verlassen, wenn während der Wartezeit die Tastatur betätigt oder eine unerwünschte Maustaste gedrückt wird. In diesem Fall liefert *DoubleClick* den Wert *FALSE*. Wenn keine Maus vorhanden ist, übergibt *DoubleClick* immer den Wert *FALSE*.

Beispiel

Folgendes Programm ruft nur dann die Funktion *DoubleClick* auf, wenn momentan eine entsprechende Maustaste gedrückt wird:

```
PROGRAM DoubleClick_Test1;
USES
  Mouse,Crt;
VAR
  ch:CHAR;
BEGIN
  ch:=#0;
  WriteLn('Programmabbruch mit <ESC> ...');
  REPEAT
    IF LeftButton AND DoubleClick(LeftBut,500) THEN BEGIN
      WriteLn; WriteLn('Linke Maustaste 2x');
    END;
    IF RightButton AND DoubleClick(RightBut,500) THEN BEGIN
      WriteLn; WriteLn('Rechte Maustaste 2x');
    END;
    Write('.');
    IF KeyPressed THEN ch:=ReadKey;
  UNTIL ch=#27
END. { DoubleClick_Test1 }
```

Folgendes Programm ruft die Funktion *DoubleClick* ohne vorangehenden Test auf:

```
PROGRAM DoubleClick_Test2;
USES
```

```
  Mouse,Crt;
VAR
  ch:CHAR;
BEGIN
  ch:=#0;
  WriteLn('Programmabbruch mit <ESC> ...');
  REPEAT
    IF DoubleClick(LeftBut,500) THEN BEGIN
      WriteLn; WriteLn('Linke Maustaste 2x');
    END;
    IF DoubleClick(RightBut,500) THEN BEGIN
      WriteLn; WriteLn('Rechte Maustaste 2x');
    END;
    Write('.');
    IF KeyPressed THEN ch:=ReadKey;
  UNTIL ch=#27
END. { DoubleClick_Test2 }
```

Im ersten Programm kann die Anweisung *Write('.');* ohne merkbare Unterbrechung ausgeführt werden, während im zweiten diese Anweisung eher selten zur Ausführung kommt (einmal pro Sekunde). In beiden Programmen reagiert jedoch die Funktion *DoubleClick* für die linke und rechte Maustaste blitzschnell.

Siehe auch

DoubleClickRange, GetClickPos, GetReleasePos, SingleClick

DoubleClickRange

Zweck

Prüft, ob eine Maustaste innerhalb eines bestimmten Rechtecks zwei Mal gedrückt wurde.

Struktur

```
FUNCTION DoubleClickRange(taste,zeit:WORD; x1,y1,x2,y2:INTEGER):BOOLEAN;
```

Bemerkung

Die Funktion *DoubleClickRange* entspricht weitgehend der Funktion *DoubleClick*, jedoch wird zusätzlich geprüft, ob sich der Maus-Cursor beim zweimaligen Drücken der Maustaste *taste* in einem rechteckigen Ausschnitt befindet (genaue Informationen zu den Parametern *taste* und *zeit* erhalten Sie bei *DoubleClick*; die Parameter *x1*, *y1*, *x2* und *y2* werden bei *MouseActRange* besprochen).

Siehe auch
DoubleClick, MouseActRange, SingleClickRange

DriverSize

Zweck
Liefert die Größe des Puffers, in dem die aktuellen Parameter des Maustreibers gespeichert werden sollen.

Struktur

```
FUNCTION DriverSize:WORD;
```

Bemerkung
Die Funktion *DriverSize* liefert die minimale Größe eines Puffers, in dem die aktuellen Parameter des Maustreibers gespeichert werden sollen. Weitere Informationen zu diesem Thema erhalten Sie bei *SaveDriver*.

Siehe auch
RestoreDriver, SaveDriver

GetClickPos

Zweck
Ermittelt die Position, bei der eine Maustaste gedrückt wurde.

Struktur

```
PROCEDURE GetClickPos(VAR x,y,click:INTEGER; taste:WORD);
```

Bemerkung
Die Prozedur *GetClickPos* ermittelt, bei welcher Position die Maustaste *taste* das letzte Mal gedrückt wurde. Verwenden Sie für den Parameter *taste* bitte folgende Konstanten:

```
CONST
  LeftBut   = 1;  { Linke Maustaste    }
  RightBut  = 2;  { Rechte Maustaste   }
  MiddleBut = 4;  { Mittlere Maustaste }
```

Nach dem Prozeduraufruf bezeichnen *x* und *y* die entsprechenden Koordinaten des Punktes, *click* hingegen gibt darüber Auskunft, wie oft die Maustaste seit dem letzten Aufruf von *GetClickPos* gedrückt wurde.

Im Graphik-Modus entspricht der Punkt (0,0), im Text-Modus der Punkt (1,1) der linken oberen Ecke. Bitte beachten Sie, daß *GetClickPos* die vom Maustreiber (*MOUSE.COM* oder *MOUSE.SYS*) gelieferten Koordinaten umrechnet, falls sich Ihre Bildschirmkarte in einem Text-Modus befindet. Die Umwandlung der Koordinaten läßt sich mit der Prozedur *ConvertOff* unterdrücken.

Der von *GetClickPos* ermittelte Punkt muß nicht mit der aktuellen Mausposition (siehe *GetMousePos*) übereinstimmen.

Bei fehlender Maus liefert die Prozedur *GetClickPos* für die Parameter *x*, *y* und *click* den Wert 0.

Beispiel

```
PROGRAM GetClickPos_Test;
USES
  Mouse,Crt;
VAR
  x,y,click:INTEGER;
  ch:CHAR;
BEGIN
  ClrScr;
  MouseOn;
  GotoXY(1,25);
  Write('Programmabbruch mit <ESC> ...');
  ch:=#0;
  REPEAT
    GetMousePos(x,y);
    GotoXY(1,1);
    Write(x,'/',y); ClrEol;
    GetClickPos(x,y,click,LeftBut);
    IF click>0 THEN BEGIN
      GotoXY(1,3);
      Write('Pos: ',x,'/',y); ClrEol;
      GotoXY(1,4);
      Write('Click: ',click)
    END;
    IF KeyPressed THEN ch:=ReadKey
  UNTIL ch=#27
END. { GetClickPos_Test }
```

Siehe auch

DoubleClick, GetMousePos, GetReleasePos, SingleClick

GetMotion

Zweck
Ermittelt die relative Mausbewegung.

Struktur

```
PROCEDURE GetMotion(VAR x,y:INTEGER);
```

Bemerkung
Die Prozedur *GetMotion* ermittelt die relative Mausbewegung (in "Mikkeys"; 1 Mickey = 1/200 Zoll = 0.127 mm) seit dem letzten Aufruf dieser Prozedur. Ein negativer Wert deutet eine relative Richtungsveränderung nach links (für *x*) bzw. oben (für *y*) an, ein positiver hingegen eine nach rechts bzw. unten.

Die beiden Parameter *x* und *y* enthalten nach der Prozedur-Ausführung immer den Wert 0, wenn keine Maus angeschlossen ist.

Siehe auch
SetRatio, SetThreshold

GetMousePos

Zweck
Ermittelt die aktuelle Position des Mauszeigers.

Struktur

```
PROCEDURE GetMousePos(VAR x,y:INTEGER);
```

Bemerkung
Der Punkt *(x,y)* entspricht der aktuellen Position des Mauszeigers (da jeder Mauscursor aus einer Matrix von 16x16 Punkten besteht, wird ein einzelner Punkt innerhalb dieser Matrix als "hot spot" (heiße Stelle) bezeichnet, der die aktuelle Position des Mauscursors festlegt.

Im Graphik-Modus entspricht der Punkt (0,0), im Text-Modus der Punkt (1,1) der linken oberen Ecke (siehe hierzu auch *GetClickPos* und *ConvertOff*).

Mit der Prozedur *SetMouseRange* wird es möglich, die Bewegungsfreiheit der Maus einzuschränken oder zu erweitern.

Die beiden Parameter *x* und *y* enthalten immer den Wert 0, wenn keine Maus vorhanden ist.

Beispiel
Folgendes Programm verbindet den Punkt, bei dem Sie die linke Maustaste drücken mit demjenigen, bei dem Sie die linke Maustaste wieder loslassen. Mit der Taste <ESC> kann dieses Programm abgebrochen werden.

```
PROGRAM GetMousePos_Test;
USES
  Mouse,Graph,Crt;
VAR
  x1,y1,x2,y2:INTEGER;
  ch:CHAR;
  unt:BOOLEAN;
  gr,mo:INTEGER;
BEGIN
  gr:=Detect;
  InitGraph(gr,mo,'');  { Hercules siehe <MouseOn> }
  MouseOn;
  unt:=FALSE;
  ch:=#0;
  REPEAT
    IF LeftButton THEN BEGIN
      IF NOT unt THEN BEGIN
        unt:=TRUE;
        MouseOff;
        GetMousePos(x1,y1);
        PutPixel(x1,y1,1);
        MouseOn
      END
    END ELSE BEGIN
      IF unt THEN BEGIN
        unt:=FALSE;
        MouseOff;
        GetMousePos(x2,y2);
        Line(x1,y1,x2,y2);
        MouseOn
      END
    END;
    IF KeyPressed THEN ch:=ReadKey
  UNTIL ch=#27;
  CloseGraph
END. { GetMousePos_Test }
```

Siehe auch
GetClickPos, GetReleasePos, SetMousePos, SetMouseRange

GetPage

Zweck
Ermittelt die aktuelle Bildschirmseite, in der der Mauscursor angezeigt wird.

Struktur

```
FUNCTION GetPage:WORD;
```

Bemerkung
Die Funktion *GetPage* liefert die aktuelle Bildschirm-Seite, in der der Mauszeiger angezeigt wird.

Siehe auch
SetPage

GetReleasePos

Zweck
Ermittelt diejenige Position, bei der eine Maustaste losgelassen wurde.

Struktur

```
PROCEDURE GetReleasePos(VAR x,y,click:INTEGER; taste:WORD);
```

Bemerkung
Die Prozedur *GetReleasePos* ermittelt, bei welcher Position die Maustaste *taste* das letzte Mal losgelassen wurde. Für den Parameter *taste* können Sie folgende Konstanten verwenden:

```
CONST
  LeftBut   = 1;  { Linke Maustaste    }
  RightBut  = 2;  { Rechte Maustaste   }
  MiddleBut = 4;  { Mittlere Maustaste }
```

Nach dem Prozeduraufruf bezeichnen x und y die entsprechenden Koordinaten des Punktes, *click* hingegen gibt darüber Auskunft, wie oft die Maustaste seit dem letzten Aufruf von *GetReleasePos* losgelassen wurde.

Im Graphik-Modus entspricht der Punkt (0,0), im Text-Modus der Punkt (1,1) der linken oberen Ecke (weiteres hierzu bei *GetClickPos* und *ConvertOff*).

Der von *GetReleasePos* ermittelte Punkt muß nicht mit der aktuellen Position des Mauszeigers übereinstimmen (siehe *GetMousePos*). Die drei Parameter *x*, *y* und *click* enthalten immer den Wert 0 bei fehlender Maus.

Siehe auch
DoubleClick, GetClickPos, GetMousePos, SingleClick

InitMouse

Zweck
Initialisiert die Maus und setzt einige Parameter auf ihre Standard-Werte zurück.

Struktur

```
PROCEDURE InitMouse;
```

Bemerkung
Die Prozedur *InitMouse* setzt folgende Parameter des Maustreibers:

- Mausposition (Bildschirmmitte)
- Aussehen des Cursors (Textmodus: *Block*; Graphikmodus: *Pfeil*)
- Bewegungsfreiraum der Maus (gesamter Bildschirm)
- Ausmaß der Bewegung (8 Mickeys pro 8 Punkte in horizontaler, 16 Mickeys pro 8 Punkte in vertikaler Richtung)
- Verdoppelungs-Geschwindigkeit (64 Mickeys)
- Position beim Drücken einer Maustaste (Punkt *(0,0)*)
- Position beim Loslassen einer Maustaste (Punkt *(0,0)*)
- Event-Prozedur (keine)

Nach dem Ausführen der Prozedur *InitMouse* ist der aktuelle Mauszeiger nicht auf dem Bildschirm zu sehen.

Die Prozedur *InitMouse* wird im Initialisierungs-Teil der Unit *Mouse* selbständig aufgerufen.

Siehe auch
MouseReady

IsConvertOn

Zweck
Prüft, ob die Maus-Koordinaten in Abhängigkeit des gesetzten Bildschirm-Modus umgewandelt werden.

Struktur

```
FUNCTION IsConvertOn:BOOLEAN;
```

Bemerkung
Falls die Funktion *IsConvertOn* den Wert *TRUE* zurückgibt, werden die Maus-Koordinaten bei Bedarf umgewandelt.

Das Funktionsergebnis von *IsConvertOn* wird von den Prozeduren *ConvertOff* und *ConvertOn* beeinflußt.

Siehe auch
ConvertOff, ConvertOn

IsLightPenOn

Zweck
Prüft, ob die Lichtstift-Emulation aktiv ist.

Struktur

```
FUNCTION IsLightPenOn:BOOLEAN;
```

Bemerkung
Die Funktion *IsLightPenOn* liefert den Wert *TRUE*, wenn die Lichtstift-Emulation mit *LightPenOn* eingeschaltet worden ist (standardmäßig liefert *IsLightPenOn* den Wert *FALSE*).

Siehe auch
LightPenOff, LightPenOn

IsMouseOn

Zweck
Prüft, ob der Mauszeiger sichtbar ist.

Struktur

```
FUNCTION IsMouseOn:BOOLEAN;
```

Bemerkung
Falls die Funktion *IsMouseOn* den Wert *TRUE* übergibt, ist der Mauszeiger sichtbar, andernfalls nicht.

Das Funktionsergebnis von *IsMouseOn* wird von den Prozeduren *InitMouse*, *MouseCondOff*, *MouseOff* und *MouseOn* beeinflußt.

Siehe auch
InitMouse, MouseCondOff, MouseOff, MouseOn

LeftButton

Zweck
Prüft, ob die linke Maustaste gedrückt wird.

Struktur

```
FUNCTION LeftButton:BOOLEAN;
```

Bemerkung
Die Funktion *LeftButton* übergibt den Wert *TRUE*, wenn momentan die linke Maustaste gedrückt wird. Bei fehlender Maus liefert *LeftButton* immer den Wert *FALSE*.

Siehe auch
AnyButton, Buttons, DoubleClick, GetClickPos, MiddleButton, RightButton, SingleClick

LightPenOff

Zweck
Schaltet die Lichtstift-Emulation aus.

Struktur

```
PROCEDURE LightPenOff;
```

Bemerkung
Die Prozedur *LightPenOff* schaltet die Lichtstift-Emulation aus (entspricht dem Standard).

Siehe auch
IsLightPenOn, LightPenOn

LightPenOn

Zweck
Schaltet die Lichtstift-Emulation ein.

Struktur

```
PROCEDURE LightPenOn;
```

Bemerkung
Die Prozedur *LightPenOn* schaltet die Emulation eines Lichtstiftes ein. Der Zustand "Stift unten" wird durch das gleichzeitige Drücken der linken und rechten Maustaste erreicht.

Siehe auch
IsLightPenOn, LightPenOff

MiddleButton

Zweck
Prüft, ob die mittlere Maustaste gedrückt wird.

Struktur

```
FUNCTION MiddleButton:BOOLEAN;
```

Bemerkung
Die Funktion *MiddleButton* übergibt den Wert *TRUE*, wenn die mittlere Maustaste gedrückt ist, andernfalls *FALSE*. Diese Funktion ist nur dann sinnvoll einzusetzen, wenn eine Maus über drei Tasten verfügt (siehe auch *Buttons*). Bei fehlender Maus liefert *MiddleButton* immer den Wert *FALSE*.

Siehe auch
AnyButton, DoubleClick, GetClickPos, LeftButton, RightButton, SingleClick

MouseActRange

Zweck
Prüft, ob die aktuelle Mausposition in einem rechteckigen Ausschnitt liegt.

Struktur

```
FUNCTION MouseActRange(x1,y1,x2,y2:INTEGER):BOOLEAN;
```

Bemerkung
Der Punkt *(x1,y1)* bezeichnet den linken oberen, der Punkt *(x2,y2)* den rechten unteren Punkt eines rechteckigen Ausschnittes. Die Prozedur *MouseActRange* übergibt den Wert *TRUE*, wenn sich der Mauszeiger in diesem Ausschnitt befindet.

Im Graphik-Modus entspricht der Punkt *(0,0)*, im Text-Modus der Punkt *(1,1)* der linken oberen Bildschirmecke (weiteres bei *GetClickPos* und *ConvertOff*).

Die Funktion *MouseActRange* ermittelt immer den Wert *FALSE*, wenn keine Maus vorhanden ist.

Siehe auch
MouseRange, SetMouseRange

MouseCondOff

Zweck
Schaltet den Mauszeiger aus, sobald dieser in einen bestimmten Bildschirmbereich geführt wird.

Struktur

```
PROCEDURE MouseCondOff(x1,y1,x2,y2:INTEGER);
```

Bemerkung
Der Punkt *(x1,y1)* bezeichnet die linke obere, der Punkt *(x2,y2)* die rechte untere Ecke eines rechteckigen Ausschnittes. Falls der Mauszeiger in dieses Rechteck geführt wird, bleibt dieser bis zum nächsten Aufruf von *MouseOn* unsichtbar. Die Funktion *IsMouseOn* übergibt bereits nach dem Aufruf von *MouseCondOff* den Wert *FALSE*, obwohl der Mauszeiger unter Umständen noch sichtbar ist.

Bitte beachten Sie, daß die Prozedur *MouseCondOff* nur dann eine Wirkung zeigt, wenn sie nach *MouseOn* ausgeführt wird (*MouseOn* setzt *MouseCondOff* außer Kraft).

Im Graphik-Modus entspricht der Punkt *(0,0)* der linken oberen Bildschirmecke, im Text-Modus der Punkt *(1,1)*.

Beispiel
Sobald der Mauszeiger in das auf dem Bildschirm dargestellte Rechteck geführt wird, schaltet folgendes Programm den Mauszeiger aus (er kann mit der linken Maustaste wieder eingeschaltet werden). Mit der Taste <ESC> kann dieses Programm abgebrochen werden.

```
PROGRAM MouseCondOff_Test;
USES
  Crt,Graph,Mouse;
VAR
  ch:CHAR;
  gr,mo:INTEGER;
BEGIN
  gr:=Detect;
  InitGraph(gr,mo,'');  { Hercules siehe <MouseOn> }
  ch:=#0;
  MouseOn;
  MouseCondOff(50,50,100,100);
  Line(50,50,50,100); Line(50,100,100,100);
  Line(100,100,100,50); Line(100,50,50,50);
  REPEAT
```

```
    IF LeftButton AND SingleClick(LeftBut,500) THEN BEGIN
      MouseOn;
      MouseCondOff(50,50,100,100)
    END;
    IF KeyPressed THEN ch:=ReadKey
  UNTIL ch=#27;
  CloseGraph
END. { MouseCondOff_Test }
```

Siehe auch
ConvertOff, MouseOff, MouseOn

MouseOff

Zweck
Schaltet den Mauszeiger auf dem Bildschirm aus.

Struktur

```
PROCEDURE MouseOff;
```

Bemerkung
Es empfiehlt sich, den Mauszeiger dann auszuschalten, wenn etwas in den Bildschirm geschrieben werden soll (Text- und Graphik-Bildschirm). Der Mauszeiger wird beim Programmende selbständig ausgeschaltet.

Siehe auch
IsMouseOn, MouseOn

MouseOn

Zweck
Schaltet den Mauszeiger auf dem Bildschirm ein.

Struktur

```
PROCEDURE MouseOn;
```

Bemerkung
Am Anfang eines Programmes bleibt der Mauszeiger unsichtbar, deshalb muß dieser explizit mit *MouseOn* eingeschaltet werden (siehe hierzu auch *MouseOff*).

Der Mauszeiger folgt selbständig der Mausbewegung (diese Arbeit verrichtet der Maustreiber).

Im Graphik-Modus verändern *SetGraphCursor* und *SetMouseStyle* das Aussehen des Mauszeigers; im Text-Modus definiert *SetTextCursor* einen neuen Cursor.

Achtung: Falls Sie eine Hercules-Karte besitzten und den Mauszeiger auch im Graphik-Modus verwenden wollen, müssen Sie der Speicheradresse *$0:$449* (enthält aktuellen Bildschirm-Modus) den Wert 6 zuweisen (dieser Wert steht für "hohe Auflösung in schwarz-weiß"):

```
USES
  Graph,Mouse;
VAR
  gr,mo:INTEGER;
BEGIN
  gr:=HercMono;
  mo:=HercMonoHi;
  InitGraph(gr,mo,'');
  Mem[0:$449]:=6;  { "Hohe Auflösung" }
  InitMouse;
  MouseOn;         { nun ist Mauszeiger sichtbar }
  ...
  CloseGraph;
  Mem[0:$449]:=7;  { Monochrom-Modus }
END.
```

Vergessen Sie bitte nicht, dieser Speicherstelle am Schluß Ihres Programmes wieder den Wert 7 zuzuweisen.

Siehe auch

InitMouse, IsMouseOn, MouseCondOff, MouseOff

MouseRange

Zweck

Prüft, ob sich ein Punkt in einem rechteckigen Ausschnitt befindet.

Struktur

```
FUNCTION MouseRange(xm,ym,x1,y1,x2,y2:INTEGER):BOOLEAN;
```

Bemerkung

Der Punkt *(x1,y1)* bezeichnet die obere linke, der Punkt *(x2,y2)* die untere rechte Ecke eines rechteckigen Ausschnittes. Wenn sich der Punkt *(xm,ym)* in diesem Ausschnitt befindet, liefert die Funktion *MouseRange* den Wert *TRUE*.

Im Graphik-Modus entspricht der Punkt *(0,0)*, im Text-Modus der Punkt *(1,1)* der linken oberen Bildschirmecke (weiteres bei *GetClickPos* und *ConvertOff*). Bei fehlender Maus liefert *MouseRange* immer den Wert *FALSE*.

Beispiel

Folgendes Programm verändert das Aussehen des Maus-Cursors in Abhängigkeit der Maus-Position (Programm-Abbruch mit der Taste <ESC>):

```
PROGRAM MouseRange_Test;
USES
  Crt,Graph,Mouse;
VAR
  x,y:INTEGER;
  altbe,bereich:BYTE;
  ch:CHAR;
  gr,mo:INTEGER;
BEGIN
  gr:=Detect;
  InitGraph(gr,mo,'');  { Hercules siehe <MouseOn> }
  SetMouseRange(0,0,GetMaxX,GetMaxY);
  MouseOn;
  ch:=#0;
  bereich:=0; altbe:=0;
  REPEAT
    GetMousePos(x,y);
    IF MouseRange(x,y,0,0,GetMaxX DIV 2,GetMaxY) THEN
      bereich:=1
    ELSE
      bereich:=2;
    IF bereich<>altbe THEN BEGIN
      altbe:=bereich;
      CASE bereich OF
        1: SetMouseStyle(6);
        2: SetMouseStyle(4)
      END
    END;
    IF KeyPressed THEN ch:=ReadKey
  UNTIL ch=#27;
  CloseGraph
END. { MouseRange_Test }
```

Siehe auch

MouseActRange, SetMouseRange

MouseReady

Zweck
Prüft, ob eine Maus betrieben werden kann.

Struktur

```
FUNCTION MouseReady:BOOLEAN;
```

Bemerkung
Damit eine Maus betrieben werden kann, muß neben der Hardware auch ein Maustreiber (*MOUSE.COM* oder *MOUSE.SYS*) vorhanden sein. Dieser läßt sich mittels des Interrupts 51 (33H) ansprechen.

Wenn der Vektor dieses Interrupts ungleich *NIL* ist, kann davon ausgegangen werden, daß die Treibersoftware installiert ist (wird selbständig im Initialisierungsteil der Unit *Mouse* überprüft).

Alle Routinen der Unit *Mouse* können auch dann ohne Gefahr eingesetzt werden, wenn kein Maustreiber oder keine Maus vorhanden ist.

Siehe auch
InitMouse

RestoreDriver

Zweck
Stellt die zuvor gesicherten Einstellungen des Maustreibers wieder her.

Struktur

```
PROCEDURE RestoreDriver(pu:POINTER);
```

Bemerkung
Die Prozedur *RestoreDriver* stellt die zu einem früheren Zeitpunkt gesicherten Maus-Parameter, die sich im Puffer ab der Adresse *pu* befinden, wieder her (weitere Informationen hierzu erhalten Sie bei *SaveDriver*).

Siehe auch
DriverSize, SaveDriver

RightButton

Zweck
Prüft, ob die rechte Maustaste gedrückt wird.

Struktur

```
FUNCTION RightButton:BOOLEAN;
```

Bemerkung
RightButton ermittelt den Wert *TRUE*, wenn momentan die rechte Maustaste gedrückt wird.

Bei fehlender Maus übergibt die Funktion *RightButton* immer den Wert *FALSE*.

Siehe auch
AnyButton, Buttons, DoubleClick, LeftButton, SingleClick

SaveDriver

Zweck
Sichert die aktuellen Einstellungen des Maustreibers in einem Puffer.

Struktur

```
PROCEDURE SaveDriver(pu:POINTER);
```

Bemerkung
Die Prozedur *SaveDriver* sichert die aktuellen Einstellungen des Maustreibers und schreibt diese in einen Puffer, der bei der Adresse *pu* beginnt. Die notwendige Puffer-Größe läßt sich mit der Funktion *DriverSize* ermitteln:

```
USES
  Mouse;
VAR
  size:WORD;
  pu:POINTER;
BEGIN
  size:=DriverSize;
  GetMem(pu,size);
  SaveDriver(pu);     { Einstellungen sichern }
  ...
  RestoreDriver(pu);  { Einstellungen zurück }
```

Es ist empfehlenswert, die aktuellen Einstellungen des Maustreibers zu sichern, wenn mit Hilfe der Pascal-Procedur *Exec* ein Programm gestartet wird, das selbst die Maus verwendet. Auf diese Weise kann sichergestellt werden, daß nach der Rückkehr ins ursprüngliche Programm wieder mit denselben Maus-Parametern gearbeitet werden kann (gesicherte Parameter können mit *RestoreDriver* aktiviert werden).

Siehe auch
DriverSize, RestoreDriver

SetEventHandler

Zweck
Installiert eine Prozedur, die bei bestimmten Maus-Ereignissen aufgerufen wird.

Struktur

```
PROCEDURE SetEventHandler(maske:WORD; aktion:EventHandler);
```

Bemerkung
Die Prozedur *SetEventHandler* installiert die Prozedur *aktion*, die beim Eintreten eines bestimmten Ereignisses ausgeführt wird; der Datentyp *EventHandler* ist in der Unit *Mouse* wie folgt definiert:

```
TYPE
  EventHandler=PROCEDURE(event,taste:WORD; x,y:INTEGER);
```

Jedem Bit des Wertes *maske* ist ein spezielles Ereignis zugeordnet (gültige Bits: *0..6*):

Bit	Wert	Ereignis
0	1	Mausbewegung
1	2	Linke Maustaste gedrückt
2	4	Linke Maustaste losgelassen
3	8	Rechte Maustaste gedrückt
4	16	Rechte Maustaste losgelassen
5	32	Mittlere Maustaste gedrückt
6	64	Mittlere Maustaste losgelassen
7..15		(unbenutzt)

Mit Hilfe des Parameters *maske* wird dem Maustreiber mitgeteilt, welche Ereignisse das Ausführen der Event-Prozedur *aktion* bewirken sollen.

Folgende Programmzeile hat zur Folge, daß die Prozedur *EventProc* bei jeder Mausbewegung oder beim Drücken einer beliebigen Maustaste ausgeführt wird:

```
SetEventHandler(1+2+8+32,EventProc);
```

Die Parameter-Liste der Event-Prozedur *EventProc* muß dem Datentyp *EventHandler* entsprechen und könnte wie folgt aussehen:

```
PROCEDURE EventProc(event,tasten:WORD; x,y:INTEGER);
```

Der Parameter *event* gibt über die wirklich eingetretenen Ereignisse Auskunft (die Bedeutung der einzelnen Elemente entspricht derjenigen von *SetEventHandler*; Parameter *maske*), der Parameter *tasten* hingegen informiert uns, welche Maustasten momentan gedrückt sind; der Punkt *(x,y)* entspricht der aktuellen Maus-Position (bitte beachten Sie, daß *x* und *y* Koordinaten enthalten, die in keinem Fall umgewandelt sind; dies kann jedoch bei Bedarf mit *ConvertCoords* geschehen).

Folgende Konstanten können zusammen mit der Prozedur *SetEventHandler* (Parameter *maske*) und innerhalb einer eigenen Event-Prozedur (Parameter *event*) verwendet werden:

```
CONST
  Move      =  1;  { Mausbewegung                  }
  LeftPre   =  2;  { Linke Maustaste gedrückt      }
  LeftRel   =  4;  { Linke Maustaste losgelassen   }
  RightPre  =  8;  { Rechte Maustaste gedrückt     }
  RightRel  = 16;  { Rechte Maustaste losgelassen  }
  MiddlePre = 32;  { Mittlere Maustaste gedrückt   }
  MiddleRel = 64;  { Mittlere Maustaste losgelassen }
```

Folgende Konstanten können innerhalb einer Event-Prozedur (Parameter *tasten*) verwendet werden:

```
CONST
  LeftBut   = 1;  { Linke Maustaste    }
  RightBut  = 2;  { Rechte Maustaste   }
  MiddleBut = 4;  { Mittlere Maustaste }
```

Folgende Programmzeilen zeigen, wie geprüft werden kann, ob einzelne Bits gesetzt sind:

```
IF event AND MiddlePre=MiddlePre THEN WriteLn('Mittlere Taste gedrückt.');
IF event AND (Move+LeftRel)=(Move+LeftRel) THEN
  WriteLn('Maus bewegt und linke Taste losgelassen.');
```

Zweck einer Event-Prozedur: Mit Hilfe einer Event-Prozedur wird es möglich, Maus-Aktionen zwischenzuspeichern (siehe 2. Beispiel) oder kleine Aufgaben zu lösen, ohne daß das Hauptprogramm davon Kenntnis hat (siehe 3. Beispiel).

Einschränkungen: Eine Event-Prodedur muß als *far* definiert sein (Compiler-Schalter *{$F+}*). Innerhalb einer Event-Prozedur darf keine Dos-Funktion aufgerufen werden. Aus diesem Grund ist die Verwendung der Pascal-Prozedur *MsDos* und der Routinen der Unit *Dos* in der Regel nicht gestattet. *Write* und *WriteLn* dürfen nur dann für eine Bildschirmausgabe verwendet werden, wenn die Unit *Crt* in ein Programm eingebunden worden ist (die Systemvariable *DirectVideo* muß hierbei den Wert *TRUE* enthalten). Zudem ist es empfehlenswert, die Ausführungszeit einer Event-Prozedur möglichst kurz zu halten.

Event-Prozedur desaktivieren: Um die aktuelle Event-Prozedur zu desaktivieren, kann folgende Anweisung geschrieben werden:

```
VAR
  maske:WORD;
BEGIN
  ...
  SetEventHandler(0,EventProc);      { maske = 0 }
```

Wichtig: Am Ende eines Programmes sollte eine Event-Prozedur immer desaktiviert werden, da sonst ein System-Absturz unvermeidlich ist (die Unit *Mouse* sorgt jedoch selbständig dafür, daß am Ende eines Programmes die Event-Prozedur desaktiviert wird).

Beispiel

```
PROGRAM SetEventHandler_Test1;
USES
  Mouse,Crt;

{$F+}
  PROCEDURE Event(mask,button:WORD; x,y:INTEGER);
  VAR
    i:WORD;
  BEGIN
    GotoXY(1,1);
    Write('(',x,'/',y,')'); ClrEol; WriteLn;
    ConvertCoords(x,y,TRUE);
    Write('(',x,'/',y,')'); ClrEol; WriteLn;
    FOR i:=0 TO 6 DO BEGIN
      IF mask AND (1 SHL i)<>0 THEN BEGIN
        CASE i OF
          0: Write('Mausbewegung ');
          1: Write('Links gedrückt ');
```

```
          2: Write('Links losgelassen ');
          3: Write('Rechts gedrückt ');
          4: Write('Rechts losgelassen ');
          5: Write('Mitte gedrückt ');
          6: Write('Mitte losgelassen ');
        END
      END
    END;
    ClrEol; WriteLn;
    IF button AND LeftBut<>0 THEN Write('L') ELSE Write('-');
    IF button AND MiddleBut<>0 THEN Write('M') ELSE Write('-');
    IF button AND RightBut<>0 THEN Write('R') ELSE Write('-');
  END; { Event }
{$F-}

VAR
  maske:WORD;
  ch:CHAR;
BEGIN
  ClrScr;
  MouseOn;
  maske:=Move+LeftPre+LeftRel+RightPre+RightRel+MiddlePre+MiddleRel;
  SetEventHandler(maske,Event);
  GotoXY(1,25);
  Write('EventHandler aktiviert. Bitte Mausaktionen ausführen ...');
  ch:=ReadKey;
  SetEventHandler(0,Event);
  GotoXY(1,25);
  Write('EventHandler ausgeschaltet. Bitte Mausaktionen ausführen ...');
  ClrEol;
  ch:=ReadKey;
END. { SetEventHandler_Test1 }
```

Folgendes Programm wartet 10 Sekunden und speichert in dieser Zeit die Maus-Aktionen.

```
PROGRAM SetEventHandler_Test2;
USES
  Mouse,Crt;
CONST
  max=10;  { Anzahl der zu speichernden Maus-Aktionen }
VAR
  mousebuf:ARRAY [0..max] OF RECORD  { als Ring-Puffer organisiert }
    but:WORD;
    x,y:INTEGER
  END;
  mwrite,mread:WORD;

  PROCEDURE InitMouseBuf;
  BEGIN
```

```
    mwrite:=0;
    mread:=0
  END; { InitMouseBuf }

  FUNCTION BufIsEmpty:BOOLEAN;
  BEGIN
    BufIsEmpty:=(mwrite=mread)
  END; { BufIsEmpty }

  FUNCTION BufIsFull:BOOLEAN;
  BEGIN
    BufIsFull:=(mwrite+1=mread) OR ((mread=0) AND (mwrite=max))
  END; { BufIsFull }

  PROCEDURE WriteMouse(but:WORD; x,y:INTEGER);
  BEGIN
    IF BufIsFull THEN Exit;
    mousebuf[mwrite].but:=but;
    mousebuf[mwrite].x:=x;
    mousebuf[mwrite].y:=y;
    Inc(mwrite); IF mwrite>max THEN mwrite:=0;
  END; { WriteMouse }

  PROCEDURE ReadMouse(VAR but:WORD; VAR x,y:INTEGER);
  BEGIN
    IF BufIsEmpty THEN BEGIN but:=MaxInt; Exit END;
    but:=mousebuf[mread].but;
    x:=mousebuf[mread].x;
    y:=mousebuf[mread].y;
    Inc(mread); IF mread>max THEN mread:=0;
  END; { ReadMouse }

{$F+}
  PROCEDURE Event(mask,button:WORD; x,y:INTEGER);
  BEGIN
    IF mask AND LeftPre<>0 THEN WriteMouse(LeftBut,x,y);
    IF mask AND RightPre<>0 THEN WriteMouse(RightBut,x,y);
    IF mask AND MiddlePre<>0 THEN WriteMouse(MiddleBut,x,y)
  END; { Event }
{$F-}

VAR
  maske,i,but:WORD;
  x,y:INTEGER;
  ch:CHAR;
BEGIN
  ClrScr;
  MouseOn;
  InitMouseBuf;
  maske:=LeftPre+MiddlePre+RightPre;
  SetEventHandler(maske,Event);
```

```
  Write('Bitte Maus-Tasten drücken. Ich warte 10 Sekunden ... 0');
  FOR i:=1 TO 10 DO BEGIN
    Delay(1000);
    Write(#8,i)
  END;
  WriteLn;
  WriteLn('Sie haben folgende Maus-Tasten gedrückt: '); WriteLn;
  WHILE NOT BufIsEmpty DO BEGIN
    ReadMouse(but,x,y);
    CASE but OF
      1:Write('L ('); 2:Write('R ('); 4:Write('M (')
    END;
    WriteLn(x,'/',y,')')
  END;
  Write('Ende mit jeder Taste ...');
  ch:=ReadKey;
END. { SetEventHandler_Test2 }
```

Die Event-Prozedur des folgenden Programmes verändert das Aussehen des Maus-Cursors in Abhängigkeit seiner Position:

```
PROGRAM SetEventHandler_Test3;
USES
  Mouse,Crt;

{$F+}
  PROCEDURE Event(mask,button:WORD; x,y:INTEGER);
  BEGIN
    IF MouseActRange(1,1,39,12) THEN SetTextCursor('A');
    IF MouseActRange(40,1,80,12) THEN SetTextCursor('B');
    IF MouseActRange(1,13,39,25) THEN SetTextCursor('C');
    IF MouseActRange(40,13,80,25) THEN SetTextCursor('D')
  END; { Event }
{$F-}

VAR
  ch:CHAR;
BEGIN
  ClrScr;
  MouseOn;
  SetEventHandler(Move,Event);
  Write('Ende mit jeder Taste ...');
  ch:=ReadKey;
END. { SetEventHandler_Test3 }
```

Siehe auch

ConvertCoords, SwapEventHandler

SetGraphCursor

Zweck

Definiert einen neuen Maus-Cursor für den Graphik-Modus.

Struktur

```
PROCEDURE SetGraphCursor(x,y:INTEGER; cursor:CursorType);
```

Bemerkung

Jeder Graphik-Cursor besteht aus 16x16 Bild-Punkten. Die Cursor-Daten selbst belegen zwei 16x16-Bit-Matrizen (je 32 Bytes); die erste wird Bildschirm-, die zweite Cursor-Maske genannt. Alle Punkte, die in der Bildschirm-Maske gesetzt sind, retten den Hintergrund, nicht gesetzte Punkte löschen diesen. Die Cursor-Maske stellt das eigentliche Bild dar, das als Maus-Zeiger erscheinen soll.

Jeder Bildpunkt innerhalb der 16x16-Matrix des Maus-Cursors wird durch die Verknüpfung von zwei logischen Operationen ermittelt:

```
(BildschirmPunkt AND BildschirmMaskenPunkt) XOR CursorMaskenPunkt
```

Folgende Tabelle zeigt die Ergebnisse aller möglichen Verknüpfungen:

BP	BMP	CMP	Ergeb.
0	0	0	0
0	0	1	1
0	1	0	0
0	1	1	1
1	0	0	0
1	0	1	1
1	1	0	1
1	1	1	0

```
└── AND ──┘
    └──────── XOR ──┘
```

```
BP:  aktueller Bildschirmpunkt       BMP: Bildschirm-Masken-Punkt
CMP: Cursor-Masken-Punkt

AND: arithmetisches UND              XOR: arithmetisches EXKLUSIV-ODER
```

Etwas einfacher ausgedrückt: Jeder Punkt, der in der Bildschirm-Maske gesetzt ist, sorgt dafür, daß der auf dem Bildschirm bereits gesetzte Punkt erhalten bleibt. Die einzelnen Werte des Maus-Cursors werden wie folgt ermittelt:

```
Bildschirm-Maske (rettet Umgebung)

■■■■■■■·■■■■■■■■  = $FEFF (=1111'1110'1111'1111)
■■■■■■··■■■■■■■■  = $FCFF
■■■■■···■■■■■■■■  = $F8FF
■■■■····■■■■■■■■  = $F0FF
■■■·····■■■■■■■■  = $E0FF
■■··············  = $C000
■···············  = $8000
················  = $0000
■···············  = $8000
■■··············  = $C000
■■■·····■■■■■■■■  = $E0FF
■■■■····■■■■■■■■  = $F0FF
■■■■■···■■■■■■■■  = $F8FF
■■■■■■··■■■■■■■■  = $FCFF
■■■■■■■·■■■■■■■■  = $FEFF
■■■■■■■■■■■■■■■■  = $FFFF

Cursor-Maske (eigentlicher Mauszeiger):

················  = $0000
················  = $0000
······■·········  = $0200
·····■■·········  = $0600
····■■■·········  = $0E00
···■■■■·········  = $1E00
··■■■■■■■■■■■■■·  = $3FFE
·■■■■■■■■■■■■■■·  = $7FFE
··■■■■■■■■■■■■■·  = $3FFE
···■■■■·········  = $1E00
····■■■·········  = $0E00
·····■■·········  = $0600
······■·········  = $0200
················  = $0000
················  = $0000
················  = $0000
```

Im Pascal-Programm werden die ermittelten Daten wie folgt dargestellt:

```
CONST
  pfeillinks:CursorType=
    ($FEFF,$FCFF,$F8FF,$F0FF,$E0FF,$C000,$8000,$0000,
     $8000,$C000,$E0FF,$F0FF,$F8FF,$FCFF,$FEFF,$FFFF,
     $0000,$0000,$0200,$0600,$0E00,$1E00,$3FFE,$7FFE,
     $3FFE,$1E00,$0E00,$0600,$0200,$0000,$0000,$0000);
```

Der Datentyp *CursorType* ist dabei in der Unit *Mouse* wie folgt definiert:

```
TYPE
  CursorType=ARRAY [0..31] OF WORD;
```

Die Parameter *x* und *y* der Prozedur *SetGraphCursor* definieren die Koordinaten des sogenannten "heißen Punktes" (engl. *hot spot*), der ausschlaggebend für die aktuelle Maus-Position ist. Der Punkt *(0,0)* entspricht der linken oberen, der Punkt *(15,15)* hingegen der rechten unteren Ecke der 16x16 Matrix. Bei Bedarf kann der "hot spot" auch außerhalb des eigentlichen Maus-Cursors liegen.

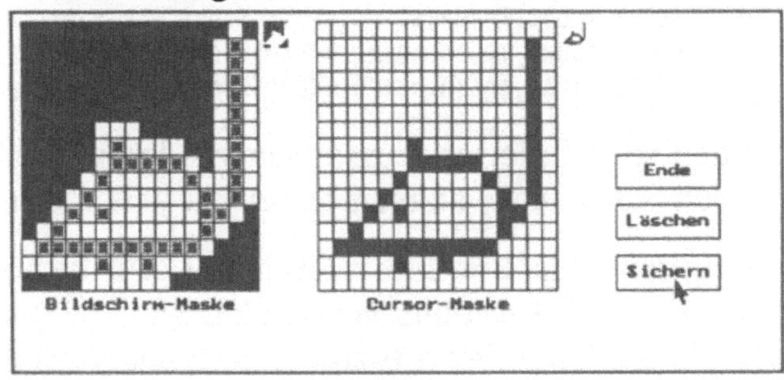

Da die Berechnung der Cursor-Daten nicht zu den lustigsten Dingen des Alltags gehören, finden Sie auf einer der zugehörigen Disketten im Verzeichnis *UTIL* das Programm *CURSOR.EXE*[1], mit dem Sie spielerisch Maus-Cursor entwerfen können. Nach dem Programmstart werden zwei 16x16 Matrizen gezeichnet (siehe Abbildung). Die linke entspricht der Bildschirm-, die rechte der Cursor-Maske. Sobald Sie einen Punkt in der rechten Matrix setzen (linke Maustaste), erscheint zusätzlich in der linken an der entsprechenden Stelle ein Punkt mit der halben Helligkeit. Dieser erleichtert den Entwurf der Bildschirm-Maske, verändert jedoch ihr Bitmuster nicht.

Linke Maus-Taste	Setzen bzw. Löschen eines Punktes
Rechte Maus-Taste	Ersetzt den aktuellen Maus-Cursor durch den entworfenen (und umgekehrt)
[Sichern]	Speichern des Maus-Cursors, wobei Sie dem Cursor einen beliebigen Namen (rund 60 Zeichen) geben können
[Löschen]	Löschen des aktuellen Maus-Cursors
[Ende]	Verlassen des Programmes; falls Sie vergessen haben, den Maus-Cursor zu speichern, werden Sie darauf hingewiesen

Die ermittelten Daten werden in folgender Form in die Datei *CURSOR. DAT* geschrieben (definiert als typisierte Konstante):

```
CONST
  cursor:CursorType=  { Pfeil auf/ab }
    ($FEFF,$FC7F,$F83F,$F01F,$E00F,$C007,$8003,$F83F,
     $F83F,$8003,$C007,$E00F,$F01F,$F83F,$FC7F,$FEFF,
```

---

1 Dieses Programm erkennt automatisch die verfügbare Graphikkarte. Falls Sie jedoch eine Olivetti-Graphikkarte besitzen, starten Sie bitte das Programm mit *CURSOR /ATT*.

```
      $0000,$0100,$0380,$07C0,$0FE0,$1FF0,$0380,$0380,
      $0380,$0380,$1FF0,$0FE0,$07C0,$0380,$0100,$0000);
  cursor:CursorType=  { Pfeil links/rechts }
     ($FFFF,$FDBF,$F99F,$F18F,$E187,$C003,$8001,$0000,
      $8001,$C003,$E187,$F18F,$F99F,$FDBF,$FFFF,$FFFF,
      $0000,$0000,$0000,$0420,$0C30,$1C38,$3FFC,$7FFE,
      $3FFC,$1C38,$0C30,$0420,$0000,$0000,$0000,$0000);
```

Um den so definierten Cursor verwenden zu können, brauchen Sie lediglich den Konstanten-Namen *cursor* zu verändern.

Achtung: Falls Sie eine Hercules-Karte besitzen und den Mauszeiger auch im Graphik-Modus verwenden wollen, müssen Sie der Speicheradresse *$0:$449* den Wert 6 zuweisen (genaueres hierzu bei *MouseOn*).

Beispiel

```
PROGRAM SetGraphCursor_Test;
USES
  Mouse,Graph,Crt;
CONST
  pfLR:CursorType=  { Pfeil links/rechts }
    ($FFFF,$FDBF,$F99F,$F18F,$E187,$C003,$8001,$0000,
     $8001,$C003,$E187,$F18F,$F99F,$FDBF,$FFFF,$FFFF,
     $0000,$0000,$0000,$0420,$0C30,$1C38,$3FFC,$7FFE,
     $3FFC,$1C38,$0C30,$0420,$0000,$0000,$0000,$0000);
VAR
  gr,mo:INTEGER;
BEGIN
  IF NOT MouseReady THEN BEGIN
    WriteLn('Keine Mouse vorhanden ...');
    Halt
  END;
  gr:=Detect;
  InitGraph(gr,mo,'');  { Hercules siehe <MouseOn> }
  SetGraphCursor(7,7,pfLR);
  MouseOn;
  REPEAT UNTIL AnyButton;
  CloseGraph
END. { SetGraphCursor_Test }
```

Siehe auch

SetMouseStyle, SetTextCursor

SetMousePos

Zweck
Setzt den Mauszeiger auf einen beliebigen Bildschirmpunkt.

Struktur

```
PROCEDURE SetMousePos(x,y:INTEGER);
```

Bemerkung
Die Prozedur *SetMousePos* setzt den Mauszeiger an den Punkt *(x,y)*. Es ist nicht möglich, die Maus an einen Punkt außerhalb des erlaubten Bereiches zu setzen (siehe auch *SetMouseRange*).

Im Graphik-Modus entspricht der Punkt *(0,0)*, im Text-Modus der Punkt *(1,1)* der linken oberen Bildschirmecke (weiteres bei *GetClickPos* und *ConvertOff*).

Siehe auch
GetMousePos, SetMouseRange

SetMouseRange

Zweck
Legt einen Bereich fest, in dem sich die Maus bewegen darf.

Struktur

```
PROCEDURE SetMouseRange(x1,y1,x2,y2:INTEGER);
```

Bemerkung
Der Punkt *(x1,y1)* entspricht der linken oberen, *(x2,y2)* der rechten unteren Ecke des Rechteckes, in dem sich die Maus bewegen darf. Im Graphik-Modus bezeichnet der Punkt *(0,0)*, im Text-Modus der Punkt *(1,1)* die linke obere Bildschirmecke (siehe hierzu auch *GetClickPos* und *ConvertOff*).

Die Prozedur *SetMouseRange* erlaubt es, den Bewegungsfreiraum der Maus so zu erweitern, daß sie sich auch außerhalb der physischen Bildschirmgrenzen aufhalten kann:

```
SetMouseRange(-100,-100,100,100);  { erlaubt }
```

Folgender Prozeduraufruf garantiert für den Graphik-Modus, daß der gesamte Bildschirm von der Maus angesprochen werden kann (notwendig, wenn Sie eine AT&T-, Olivetti-, EGA- oder VGA-Graphikkarte besitzen):

```
Mouse.SetMouseRange(0,0,Graph.GetMaxX,Graph.GetMaxY);
```

Nach dem Aufruf von *SetMouseRange* befindet sich der Mauszeiger innerhalb des erlaubten Bereiches. Auch nach der Definition eines Bereiches bleiben die Maus-Koordinaten absolut, d.h. sie beziehen sich weiterhin auf die linke obere Bildschirmecke.

Beispiel
Folgendes Programm definiert drei voneinander unabhängige Bereiche, in denen sich der Mauszeiger aufhalten darf. Die einzelnen Bereiche können Sie mit den entsprechenden Maustasten aktivieren (Programm-Abbruch mit der Taste <ESC>).

```
PROGRAM SetMouseRange_Test;
USES
  Mouse,Graph,Crt;
VAR
  ch:CHAR;
  gr,mo:INTEGER;

  PROCEDURE Rectangle(x1,y1,x2,y2:INTEGER);
  BEGIN
    Line(x1,y1,x2,y1); Line(x2,y1,x2,y2);
    Line(x2,y2,x1,y2); Line(x1,y2,x1,y1)
  END; { Rectangle }

BEGIN
  ch:=#0;
  gr:=Detect;
  InitGraph(gr,mo,''); { Hercules siehe <MouseOn> }
  Rectangle(0,0,50,150);
  Rectangle(100,0,150,150);
  Rectangle(200,0,250,150);
  MouseOn;
  SetMouseRange(0,0,50,150);
  REPEAT
    IF SingleClick(LeftBut,500) THEN SetMouseRange(0,0,50,150);
    IF SingleClick(MiddleBut,500) THEN SetMouseRange(100,0,150,150);
    IF SingleClick(RightBut,500) THEN SetMouseRange(200,0,250,150);
    IF KeyPressed THEN ch:=ReadKey
  UNTIL ch=#27;
```

```
  CloseGraph
END. { SetMouseRange_Test }
```

Siehe auch
SetRatio

SetMouseStyle

Zweck
Wählt einen vordefinierten Maus-Cursor für den Graphik-Modus.

Struktur

```
PROCEDURE SetMouseStyle(nr:WORD);
```

Bemerkung
Der Parameter *nr* ist standardmäßig für den Bereich 0..18 definiert. Jeder Wert entspricht einem eigenen Graphik-Cursor:

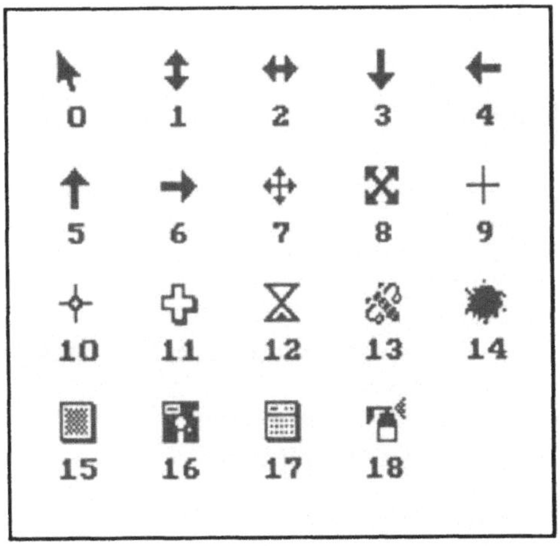

0 Üblicher Mauszeiger (Pfeil nach links oben); "hot spot" *(0,0)*
1 Pfeil auf, ab; "hot spot" *(7,7)*
2 Pfeil links, rechts; "hot spot" *(7,7)*
3 Pfeil ab; "hot spot" *(7,15)*
4 Pfeil links; "hot spot" *(0,7)*
5 Pfeil auf; "hot spot" *(7,0)*
6 Pfeil rechts; "hot spot" *(15,7)*
7 Pfeil auf, ab, links, rechts; "hot spot" *(7,7)*
8 Pfeil, 4 Richtungen, schräg; "hot spot" *(7,7)*
9 Kreuz; "hot spot" *(7,7)*
10 Kreuz mit Kreis; "hot spot" *(7,7)*
11 Kreuz mit Rand; "hot spot" *(7,7)*
12 Sanduhr; "hot spot" *(7,7)*
13 Biene; "hot spot" *(7,7)*
14 Klecks; "hot spot" *(7,7)*
15 Knopf; "hot spot" *(7,7)*
16 Diskette; "hot spot" *(7,7)*

0 1 2 3 4
5 6 7 8 9
10 11 12 13 14
15 16 17 18

17 Rechner; "hot spot" *(7,7)*
18 Spritzpistole; "hot spot" *(14,3)*

Jeder Graphik-Cursor besteht aus einer 16x16 Matrix, der **"hot spot"** gibt an, welcher Punkt innerhalb dieser Matrix die aktuelle Position des Mauscursors bezeichnet.

Mit der Prozedur *SetGraphCursor* können Sie selbstdefinierte Graphik-Cursor verwenden.

Achtung: Falls Sie eine Hercules-Karte besitzen und den Mauszeiger auch im Graphik-Modus verwenden wollen, müssen Sie der Speicheradresse *$0:$449* den Wert 6 zuweisen (genaueres bei *MouseOn*).

Beispiel

Folgendes Programm verändert bei jedem Druck auf die linke Maustaste den Graphik-Cursor.

```
PROGRAM SetMouseStyle_Test;
USES
  Crt,Graph,Mouse;
VAR
  nr:WORD;
  gr,mo:INTEGER;
BEGIN
  gr:=Detect;
  InitGraph(gr,mo,'');  { Hercules siehe <MouseOn> }
  nr:=0;
  SetMouseStyle(0);
  MouseOn;
  REPEAT
    IF SingleClick(LeftBut,500) THEN BEGIN
      Inc(nr);
      IF nr>18 THEN nr:=0;
      SetMouseStyle(nr)
    END
  UNTIL KeyPressed;
  CloseGraph
END. { SetMouseStyle_Test }
```

Siehe auch

SetGraphCursor, SetTextCursor

SetPage

Zweck
Setzt die Bildschirmseite, in der der Mauscursor angezeigt werden soll.

Struktur

```
PROCEDURE SetPage(seite:WORD);
```

Bemerkung
Die Prozedur *SetPage* legt die Bildschirm-Seite fest, in der der Mauszeiger sichtbar sein soll (0 entspricht dem Standard). Die Anzahl der möglichen Bildschirmseiten hängt von der verfügbaren Graphik-Karte und dem aktuellen Bildschirm-Modus (Text oder Graphik) ab. Im Textmodus sind für *seite* folgende Werte möglich:

0 Monochrombildschirm (Bildschirm-Inhalt beginnt bei der Speicher-Adresse *$B000:$0*)

0..3 Farbbildschirm, 80x25 Zeichen (Bildschirm-Inhalt der ersten Seite beginnt bei der Adresse *$B800:$0*, wobei eine Seite 4096 Bytes beansprucht)

0..7 Farbbildschirm, 40x25 Zeichen (Bildschirm-Inhalt der ersten Seite beginnt bei der Adresse *$B800:$0*, wobei eine Seite 2048 Bytes beansprucht)

Siehe auch
GetPage

SetRatio

Zweck
Definiert die Auswirkung einer Mausbewegung auf den Mauscursor.

Struktur

```
PROCEDURE SetRatio(x,y:INTEGER);
```

Bemerkung
Gemäß der Voreinstellung müssen Sie die Maus rund 8 cm bewegen, um den Bildschirm mit dem Mauszeiger zu durchqueren (in horizontaler Richtung). Sie benötigen also 8 Mickeys (= 8 x 0.127 mm) für 8 Bild-

punkte. Die Prozedur *SetRatio* verändert dieses Verhältnis, wobei der Parameter *x* bzw. *y* die Anzahl Mickeys pro 8 Punkte in horizontaler bzw. vertikaler Richtung festlegt. *SetRatio(1,1)* verwandelt Ihren Mauszeiger in eine Mexikanische Wüstenspringmaus, während *SetRatio(1000,1000)* Sie dazu veranlaßt, die Maus 10,16 m für die Durchquerung des Bildschirmes in horizontaler Richtung zu bewegen.

Falls einer der Parameter *x* oder *y* einen negativen Wert erhält, bewegt sich der Mauszeiger in entgegengesetzter Richtung zur Maus. Der Prozeduraufruf *SetRatio(0,0);* wird automatisch durch *SetRatio(1,1);* ersetzt.

Beispiel

Folgendes Programm ruft bei jedem "Click" der linken Maustaste die Prozedur *SetRatio* mit unterschiedlichen Parametern auf (Programm-Abbruch mit <ESC>).

```
PROGRAM SetRatio_Test;
USES
  Crt,Graph,Mouse;
VAR
  x,y,nr:INTEGER;
  ch:CHAR;
  gr,mo:INTEGER;
BEGIN
  gr:=Detect;
  InitGraph(gr,mo,'');  { Hercules siehe <MouseOn> }
  nr:=0;
  ch:=#0;
  MouseOn;
  REPEAT
    IF SingleClick(LeftBut,500) THEN BEGIN
      Inc(nr);
      IF nr>3 THEN nr:=0;
      CASE nr OF
        0: BEGIN x:=8; y:=8 END;
        1: BEGIN x:=1; y:=1; END;
        2: BEGIN x:=-1; y:=8; END;
        3: BEGIN x:=32; y:=4; END;
      END;
      SetRatio(x,y)
    END;
    IF KeyPressed THEN ch:=ReadKey
  UNTIL ch=#27;
  CloseGraph
END. { SetRatio_Test }
```

Siehe auch

GetMotion, SetThreshold

SetTextCursor

Zweck

Definiert einen neuen Text-Cursor, der vom Maus-Treiber verwendet wird.

Struktur

```
PROCEDURE SetTextCursor(ch:CHAR);
```

Bemerkung

Die Prozedur *SetTextCursor* ermöglicht das Verändern des Maus-Cursors (in Abhängigkeit der zu erfüllenden Funktion).

An der aktuellen Maus-Position wird das Zeichen *ch* invers zum aktuellen Bildschirmzeichen dargestellt (Zeichen im Bereich *#0..#31* sind erlaubt).

Beispiel

```
PROGRAM SetTextCursor_Test;
USES
  Crt,Mouse;
VAR
  nr,altnr:BYTE;
BEGIN
  TextColor(LightGray); TextBackground(Black);
  WriteLn('Abbruch mit der linken Maustaste ...'); WriteLn;
  TextColor(Black); TextBackground(LightGray);
  WriteLn('Inverser Text.');
  TextColor(White); TextBackground(Black);
  WriteLn('Heller Text.');
  TextColor(LightGray);
  MouseOn;
  altnr:=0;
  REPEAT
    IF MouseActRange(1,1,40,25) THEN nr:=1 ELSE nr:=2;
    IF nr<>altnr THEN BEGIN
      altnr:=nr;
      CASE nr OF
        1: Mouse.SetTextCursor(#1);
        2: Mouse.SetTextCursor(#2)
      END
    END
  UNTIL LeftButton
END. { SetTextCursor_Test }
```

Siehe auch
SetGraphCursor

SetThreshold

Zweck
Legt fest, wann die Geschwindigkeit des Mauszeigers verdoppelt werden soll.

Struktur

```
PROCEDURE SetThreshold(speed:WORD);
```

Bemerkung
Gemäß der Standard-Einstellung wird die Geschwindigkeit des Mauszeigers verdoppelt, wenn Sie die Maus 64 Mickeys (entspricht 8.128 mm) pro Sekunde bewegen. Die Prozedur *SetThreshold* (threshold = Schwelle) ermöglicht das Verändern dieser Grenzgeschwindigkeit, wobei *speed* in Mickeys pro Sekunde anzugeben ist. Ein hoher Wert verhindert die Verdopplung der Geschwindigkeit:

```
SetThreshold(4000);  { Grenzgeschwindigkeit: 50.8 cm/Sekunde }
```

Siehe auch
SetRatio

SingleClick

Zweck
Prüft, ob eine Maustaste während einer gewissen Zeitspanne genau einmal gedrückt worden ist.

Struktur

```
FUNCTION SingleClick(taste,zeit:WORD):BOOLEAN;
```

Bemerkung
Die Funktion *SingleClick* übergibt den Wert *TRUE*, wenn die Maustaste *taste* in der Zeitspanne *zeit* (in Millisekunden anzugeben) einmal gedrückt wurde.

Für den Parameter *taste* können Sie folgende vordefinierten Konstanten verwenden:

```
CONST
  LeftBut   = 1;  { Linke Maustaste    }
  RightBut  = 2;  { Rechte Maustaste   }
  MiddleBut = 4;  { Mittlere Maustaste }
```

Nach dem Funktionsaufruf wartet *SingleClick* während *zeit* Millisekunden auf das Loslassen der angegebenen Taste. Falls dies nicht geschieht, liefert *SingleClick* den Wert *FALSE.*

SingleClick wird sofort verlassen, wenn während der Wartezeit eine unerwünschte Maustaste gedrückt oder die Tastatur betätigt wird.

Falls keine Maus verfügbar ist, liefert die Funktion *SingleClick* immer den Wert *FALSE.*

Beispiel

Folgendes Programm zeichnet Ellipsen, die von einem Rechteck umschlossen sind. Jeder "Click" mit der linken Maustaste legt einen Diagonalpunkt des Rechteckes fest. Die rechte Maustaste löscht den gesamten Bildschirm (Programm-Abbruch mit <ESC>).

```
PROGRAM SingleClick_Test;
USES
  Crt,Mouse,Graph;
VAR
  x1,y1,x2,y2,xm,ym:INTEGER;
  ch:CHAR;
  zeich:BOOLEAN;
  gr,mo:INTEGER;

  PROCEDURE Rectangle(x1,y1,x2,y2:INTEGER);
  BEGIN
    Graph.Line(x1,y1,x2,y1); Graph.Line(x2,y1,x2,y2);
    Graph.Line(x2,y2,x1,y2); Graph.Line(x1,y2,x1,y1)
  END; { Rectangle }

BEGIN
  ch:=#0;
  zeich:=FALSE;
  gr:=Detect;
  InitGraph(gr,mo,''); { Hercules siehe <MouseOn> }
  MouseOn;
  REPEAT
    IF SingleClick(LeftBut,500) THEN BEGIN
      IF NOT zeich THEN BEGIN
        zeich:=TRUE;
        GetMousePos(x1,y1);
```

```
        MouseOff;
        PutPixel(x1,y1,1);
        MouseOn
      END ELSE BEGIN
        MouseOff;
        zeich:=FALSE;
        GetMousePos(x2,y2);
        Rectangle(x1,y1,x2,y2);
        xm:=(x1+x2) DIV 2;
        ym:=(y1+y2) DIV 2;
        x1:=ABS(x1-x2) DIV 2;
        y1:=ABS(y1-y2) DIV 2;
        Ellipse(xm,ym,0,360,x1,y1);
        MouseOn
      END
    END;
    IF SingleClick(RightBut,500) THEN BEGIN
      MouseOff;
      gr:=Detect; InitGraph(gr,mo,'');  { Bildschirm löschen }
      MouseOn;
      zeich:=FALSE
    END;
    IF KeyPressed THEN ch:=ReadKey
  UNTIL ch=#27;
  CloseGraph
END. { SingleClick_Test }
```

Siehe auch

DoubleClick, AnyButton, LeftButton, MiddleButton, RightButton, SingleClickRange

SingleClickRange

Zweck

Prüft, ob eine Maustaste innerhalb eines bestimmten Rechtecks ein Mal gedrückt wird.

Struktur

```
FUNCTION SingleClickRange(taste,zeit:WORD; x1,y1,x2,y2:INTEGER):BOOLEAN;
```

Bemerkung

Die Funktion *SingleClickRange* entspricht weitgehend der Funktion *SingleClick*, jedoch wird zusätzlich noch geprüft, ob sich der Maus-Cursor beim Drücken der Maustaste *taste* in einem rechteckigen Ausschnitt befindet (genaue Informationen zu den Parametern *taste* und *zeit* erhalten Sie bei *SingleClick*; die Parameter *x1*, *y1*, *x2* und *y2* werden bei *MouseActRange* besprochen).

Siehe auch
DoubleClickRange, MouseActRange, SingleClick

SwapEventHandler

Zweck
Tauscht die aktuelle Event-Prozedur mit der neuen aus.

Struktur

```
PROCEDURE SwapEventHandler(VAR mask:WORD; VAR action:EventHandler);
```

Bemerkung
Die Prozedur *SwapEventHandler* ersetzt die aktuelle Event-Prozedur durch *action*, die nun aufgerufen wird, wenn das Ereignis *mask* auftritt (ausführliche Informationen zu diesem Thema erhalten Sie bei *SetEventHandler*). Nach der Prozedur-Ausführung enthalten die Parameter *mask* und *action* die Ereignis-Maske und die Adresse der zuvor aktiven Event-Prozedur.

Beispiel
Folgendes Programm installiert die Event-Prozedur *Event1*, die bei jedem Druck auf eine der Maustasten das Aussehen des Mauszeigers verändert. Mit Hilfe der Leertaste kann diese Event-Prozedur gewechselt werden; <ESC> schließlich bricht das Programm ab.

```
PROGRAM SwapEventHandler_Test;
USES
  Mouse,Crt,Graph;

{$F+}
  PROCEDURE Event1(event,tasten:WORD; x,y:INTEGER);
  BEGIN
    IF event AND LeftPre<>0 THEN SetMouseStyle(1);
    IF event AND MiddlePre<>0 THEN SetMouseStyle(2);
    IF event AND RightPre<>0 THEN SetMouseStyle(3)
  END; { Event1 }

  PROCEDURE Event2(event,tasten:WORD; x,y:INTEGER);
  BEGIN
```

```
    IF event AND LeftRel<>0 THEN SetMouseStyle(16);
    IF event AND MiddleRel<>0 THEN SetMouseStyle(17);
    IF event AND RightRel<>0 THEN SetMouseStyle(18)
  END; { Event2 }
{$F-}

VAR
  m:WORD;
  e:EventHandler;
  ch:CHAR;
  gr,mo:INTEGER;
BEGIN
  gr:=Detect;
  InitGraph(gr,mo,'');
  MouseOn;
  SetEventHandler(LeftPre+RightPre+MiddlePre,Event1);
  m:=LeftRel+RightRel+MiddleRel;
  e:=Event2;
  REPEAT
    ch:=ReadKey;
    IF ch=' ' THEN SwapEventHandler(m,e)
  UNTIL ch=#27;
  CloseGraph
END. { SwapEventHandler_Test }
```

Siehe auch

SetEventHandler

Die Unit Spell

Zweck

Ermöglicht das Korrigieren von Texten in beliebiger Sprache.

Bemerkung

Diese Unit stellt meines Wissens zu diesem Zeitpunkt eine Besonderheit auf dem Software-Markt dar, denn mit ihr wird es möglich, in jede Turbo Pascal-Anwendung ein Korrektur-Programm einzubauen, das in beliebigen Texten Orthographie-Fehler aufspüren kann.

Das zu dieser Unit gehörende Wörterbuch *SPELL.LEX* (auf einer der zugehörigen Disketten enthalten) enthält mit seinen rund 80000 Wörtern die meistgebrauchten deutschen Wörter und erspart es Ihnen weitgehend, in Kleinstarbeit einen Wortgrundstock zu generieren. Folgende Merkmale zeichnen die Unit *Spell* aus:

- Unterscheidung zwischen Groß- und Kleinschreibung
- Erkennen von zusammengesetzten Wörtern (zum Beispiel ist das Wort "Maulwurf" bekannt, wenn "Maul" und "Wurf" im Wörterbuch enthalten sind); auch zusammengesetzte Wörter mit Fugen-s werden korrekt erkannt
- Ein Wörterbuch kann sich auf der Festplatte/Diskette oder im Arbeitsspeicher befinden
- Fünf verschiedene Wörterbuch-Größen sind möglich
- Eine beliebige Anzahl Wörterbücher kann gleichzeitig verwendet werden

Das kleinste Wörterbuch kann rund 16000, das größte hingegen rund 260000 Wörter aufnehmen. Aus Sicherheits- und Geschwindigkeitsgründen ist es jedoch empfehlenswert, ein Wörterbuch maximal bis zu 90% zu füllen. Jedes Wort belegt innerhalb eines Wörterbuches nur 2 Bytes und kann sehr schnell gefunden werden (IBM PC mit 4,77 MHz: rund 150 Wörter/Sekunde; IBM AT mit 12 MHz: rund 1000 Wörter/Sekunde[1]). Die Wahrscheinlichkeit, daß ein falsch geschriebenes Wort als richtig erkannt wird, ist sehr klein und kann getrost vernachlässigt werden[2].

---

1 Diese Werte wurden mit Hilfe der beiliegenden Wörterbuchdatei *SPELL. LEX* ermittelt, die mit seinen 80000 Wörtern zu rund 60% gefüllt ist.

2 Falls ein Wörterbuch zu 90% gefüllt ist, beträgt diese Wahrscheinlichkeit etwa 1/10000.

Demo-Programm: Bitte beachten Sie, daß sich auf einer der beiliegenden Disketten im Directory *DEMO* das Programm *SPELLCHK.PAS* befindet. Dieses demonstriert die Möglichkeiten der Unit *Spell* und zeigt, wie ein Spelling-Checker arbeiten könnte (siehe folgende Abbildung).

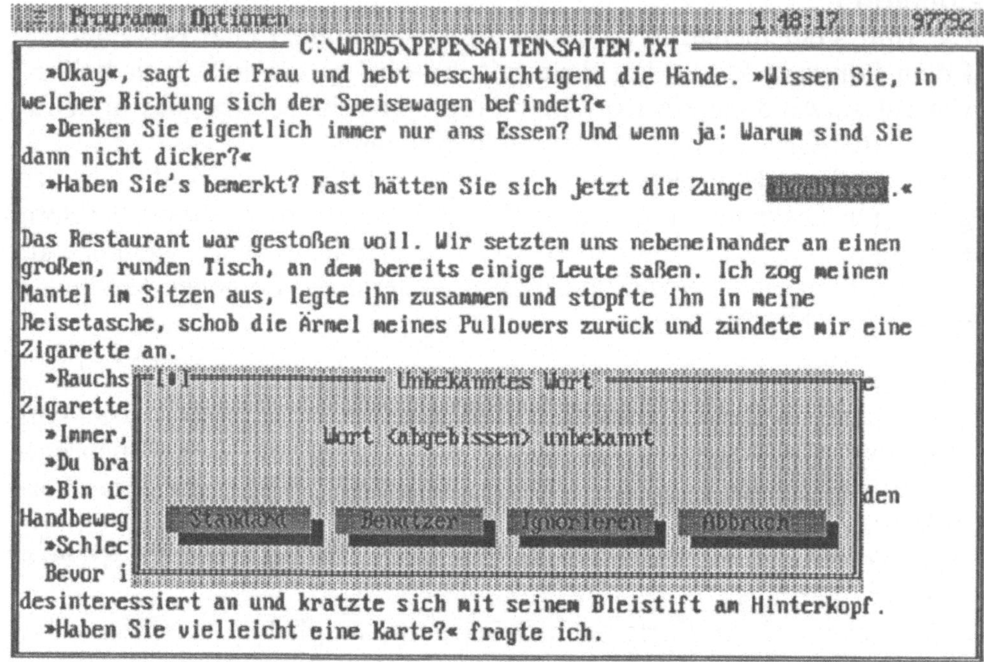

Abbildung: Demo-Programm SpellChecker

Das Objekt *TLex* ist wie folgt in der Unit *Spell* definiert:

```
TYPE
  PLex=^TLex;
  TLex=OBJECT
    CONSTRUCTOR Open(name:STRING; ram:BOOLEAN);
    CONSTRUCTOR Create(name:STRING; ram:BOOLEAN; size:WORD);
    CONSTRUCTOR OpenOrCreate(name:STRING; ram:BOOLEAN; size:WORD);
    DESTRUCTOR Close; VIRTUAL;
    DESTRUCTOR Kill; VIRTUAL;
    PROCEDURE InsertWord(wrd:STRING); VIRTUAL;
    PROCEDURE DeleteWord(wrd:STRING); VIRTUAL;
    FUNCTION Inserted:BOOLEAN; VIRTUAL;
    FUNCTION Deleted:BOOLEAN; VIRTUAL;
    FUNCTION WordExists(wrd:STRING):BOOLEAN; VIRTUAL;
    FUNCTION WordCompounded(wrd:STRING):BOOLEAN; VIRTUAL;
    FUNCTION InRam:BOOLEAN; VIRTUAL;
```

```
    FUNCTION LexName:STRING; VIRTUAL;
    FUNCTION WordSize:LONGINT; VIRTUAL;
    FUNCTION WordNum:LONGINT; VIRTUAL;
    FUNCTION WordCount:LONGINT; VIRTUAL;
    FUNCTION Error:INTEGER; VIRTUAL;
  END;
```

Die für die Unit *Spell* verwendeten Algorithmen und Datenstrukturen werden im Anhang A dieses Buches sehr ausführlich beschrieben. Den einzelnen Methoden des Objekts *TLex* kommen folgende Bedeutungen zu:

TLex	Dieses Objekt ermöglicht das Suchen von Orthographiefehlern
- Close	Schließt ein offenes Wörterbuch
- Create	Erzeugt eine neues Wörterbuch
- Deleted	Prüft, ob das letzte Wort gelöscht werden konnte
- DeleteWord	Löscht ein Wort aus einem Wörterbuch
- Error	Liefert eine Fehlernummer
- InRam	Prüft, ob sich ein Wörterbuch im Arbeitsspeicher befindet
- Inserted	Prüft, ob das letzte Wort eingefügt werden konnte
- InsertWord	Fügt ein Wort in eine Wörterbuch ein
- Kill	Löscht ein offenes Wörterbuch
- LexName	Liefert den vollständigen Dateinamen eines Wörterbuches
- Open	Öffnet ein bestehendes Wörterbuch
- OpenOrCreate	Öffnet ein bestehendes oder erzeugt ein neues Wörterbuch
- WordCompounded	Prüft, ob ein Wort aus bekannten Teilwörtern besteht
- WordCount	Zählt die in einem Wörterbuch enthaltenen Wörter
- WordExists	Prüft, ob ein Wort in einem Wörterbuch enthalten ist
- WordNum	Liefert die aktuelle Anzahl Wörter, die in einem Wörterbuch enthalten sind
- WordSize	Liefert die maximale Anzahl Wörter, die ein Wörterbuch aufnehmen kann

Folgende Funktion ist in der Unit *Spell* definiert:

GlobalError	Ermöglicht das Ermitteln von Fehlern, die beim Erzeugen oder Öffnen von Wörterbüchern entstehen können

Folgende Konstanten legen die Wörterbuch-Größe fest und werden bei den Routinen *TLex.Create* und *TLex.OpenOrCreate* benötigt:

```
CONST
  Size16KWords  = 0;  { Diese Konstanten legen die Wörterbuch ...     }
  Size32KWords  = 1;  { ... in Wörtern fest. 128 KWords bedeutet ... }
  Size64KWords  = 2;  { ... beispielsweise, daß ein Wörterbuch ...   }
  Size128KWords = 3;  { ... 128*1024 (= 131072) Wörter aufnehmen ... }
  Size256KWords = 4;  { ... kann und 2*128*1024 Bytes umfaßt.        }
```

Folgende Konstanten sind in der Unit *Spell* definiert und können zusammen mit den Funktionen *TLex.Error* und *GlobalError* verwendet werden:

```
CONST
  erOK            =  0;  { Kein Fehler aufgetreten                      }
  erWordNumFalse  = -1;  { <WordNum> liefert falsche Anzahl Wörter      }
  erFull          = -2;  { Wörterbuch voll                              }
  erNotClosed     = -3;  { Wörterbuch konnte nicht geschlossen werden }
  erFileNotFound  = -4;  { Wörterbuch nicht gefunden                    }
  erDefect        = -5;  { Wörterbuchgröße nicht korrekt                }
```

GlobalError

Zweck
Liefert eine Fehlernummer.

Struktur

```
FUNCTION GlobalError:INTEGER;
```

Bemerkung
Die Funktion *GlobalError* liefert einen Wert ungleich 0, wenn ein Fehler beim Erzeugen eines Wörterbuch-Objekts auftritt. Hierzu sind folgende Konstanten in der Unit *Spell* definiert:

erOK =0; es ist kein Fehler aufgetreten

erNotClosed =-3; Wörterbuch konnte nicht geschlossen werden (tritt bei *Close* auf, wenn ein zuvor im RAM erzeugtes Wörterbuch nicht auf die Diskette bzw. Festplatte geschrieben werden kann)

erFileNotFound =-4; Wörterbuch nicht gefunden (tritt bei *Open* auf)

erDefect =-5; Wörterbuchgröße stimmt nicht überein (tritt beim Öffnen mit *Open* oder *OpenOrCreate* auf, wenn eine Wörterbuchdatei keine gültige Größe besitzt)

Falls *GlobalError* nach einer der Konstruktoren *Open*, *Create* oder *OpenOrCreate* einen Wert ungleich *erOK* liefert, konnte das Wörterbuch-Objekt nicht erzeugt werden. Ein positiver Fehlercode deutet darauf hin, daß Probleme mit der Festplatte bzw. Diskette aufgetaucht sind (z.B. *Diskette voll*; siehe Turbo Pascal-Funktion *IOresult*).

```
USES
  Spell;
VAR
  lex:PLex;
BEGIN
  New(lex,OpenOrCreate('SPELL.LEX',TRUE,Size128KWords));
  IF GlobalError<>erOK THEN BEGIN
    WriteLn('Wörterbuch weder gefunden noch erzeugt ...');
    Halt
  END;
  ...
  Dispose(lex,Close)
END.
```

Nach dem Aufruf des Destruktors *Close* besteht die Möglichkeit, daß *GlobalError* den Wert der Konstanten *erNotClosed* liefert. In diesem Fall konnte das Wörterbuch nicht geschlossen werden (Probleme mit der Festplatte oder Diskette) und das Wörterbuch-Objekt besteht noch immer (wird also nicht vom Heap gelöscht).

Siehe auch

Error

TLex.Close

Zweck

Schließt ein offenes Wörterbuch.

Struktur

```
DESTRUCTOR TLex.Close;
```

Bemerkung

Die Prozedur *Close* schließt das dem Objekt zugeordnete Wörterbuch. Falls sich dieses im Arbeitsspeicher befindet, wird es jedoch zuerst auf

Diskette bzw. Festplatte geschrieben[3]. Fehler, die während der Ausführung von *Close* auftreten, lassen sich mit der Funktion *Error* ermitteln. Falls *GlobalError* nach *Close* den Wert der Konstanten *erNotClosed* liefert, konnte das Wörterbuch nicht geschlossen werden (nur dann der Fall, wenn ein neues Wörterbuch im Arbeitsspeicher (RAM) erzeugt worden ist und dieses nun auf der Festplatte bzw. Diskette keinen Platz findet). In diesem Fall muß das Wörterbuch mit *Kill* gelöscht oder der Benutzer aufgefordert werden, eine neue Diskette in das Laufwerk einzulegen.

Siehe auch
Create, Kill, Open, OpenOrCreate

TLex.Create

Zweck
Erzeugt eine neues Wörterbuch.

Struktur

```
CONSTRUCTOR TLex.Create(name:STRING; ram:BOOLEAN; size:WORD);
```

Bemerkung
Die Prozedur *Create* erzeugt ein Objekt, dem ein neues (leeres) Wörterbuch zugeordnet wird (gleichzeitig können beliebig viele Wörterbücher verwaltet werden).

Dem Parameter *name* muß der Dateiname der zu erzeugenden Wörterbuchdatei übergeben werden (Laufwerks- und Pfadangaben sind möglich).

Innerhalb von *Create* wird *name* mit Hilfe von *FExpand* (Turbo Pascal-Funktion) den Regeln von MS-DOS entsprechend erweitert; dieser erweiterte Name läßt sich mit *LexName* ermitteln. Wenn vor dem Prozeduraufruf bereits eine Datei mit dem angegebenen Namen *name* besteht, wird diese überschrieben.

Falls dem Parameter *ram* der Wert *TRUE* übergeben wird, versucht *Create*, das Wörterbuch im Arbeitsspeicher (RAM) zu generieren. Ist dieser zu klein oder enthält *ram* den Wert *FALSE*, wird es auf der Festplatte bzw. Diskette erzeugt (siehe auch die Funktion *InRam*). Natürlich

---

[3] Nur, wenn sich das Wörterbuch verändert hat, d.h. wenn Wörter gelöscht oder eingefügt worden sind.

sind die einzelnen Wörterbuch-Routinen bedeutend schneller, wenn sich ein Wörterbuch im Arbeitsspeicher befindet und nicht auf der Festplatte bzw. Diskette.

Der Parameter *size* legt die Wörterbuch-Größe fest. Hierzu sind folgende Konstanten in der Unit *Spell* vordefiniert:

```
CONST
  Size16KWords  = 0;  { Diese Konstanten legen die Wörterbuch ...     }
  Size32KWords  = 1;  { ... in Wörtern fest. 128 KWords bedeutet ... }
  Size64KWords  = 2;  { ... beispielsweise, daß ein Wörterbuch ...   }
  Size128KWords = 3;  { ... 128*1024 (= 131072) Wörter aufnehmen ... }
  Size256KWords = 4;  { ... kann und 2*128*1024 Bytes umfaßt.        }
```

Fehler, die während der Ausführung von *Create* auftreten, können mit Hilfe der Funktionen *TLex.Error* und *GlobalError* ermittelt werden.

Beispiel

```
PROGRAM Create_Test;
USES
  Spell;
VAR
  lex:PLex;
BEGIN
  WriteLn('Wörterbuch wird erzeugt ...'); WriteLn;
  New(lex,Create('TEST.LEX',TRUE,Size32KWords));
  WriteLn('Dateiname: ',lex^.LexName);
  WriteLn('   Im RAM: ',lex^.InRam);
  WriteLn; WriteLn('Wörterbuch wird wieder gelöscht ...');
  Dispose(lex,Kill);
  Write('Ende mit <RETURN> ...'); ReadLn
END. { Create_Test }
```

Siehe auch

Close, InRam, Kill, Open, OpenOrCreate

TLex.Deleted

Zweck

Prüft, ob das letzte Wort gelöscht werden konnte.

Struktur

```
FUNCTION TLex.Deleted:BOOLEAN;
```

Bemerkung
Die Funktion *Deleted* liefert den Wert *TRUE*, wenn die Prozedur *DeleteWord* beim letzten Aufruf innerhalb des Wörterbuches erfolgreich ein Wort löschen konnte. Andernfalls liefert *Deleted* aus folgenden Gründen den Wert *FALSE*:

- Wort nicht im Wörterbuch enthalten
- Probleme mit der Festplatte bzw. Diskette (*Error* liefert einen positiven Wert)

Siehe auch
DeleteWord, Inserted, InsertWord

TLex.DeleteWord

Zweck
Löscht ein Wort aus einem Wörterbuch.

Struktur

```
PROCEDURE TLex.DeleteWord(wrd:STRING);
```

Bemerkung
Die Prozedur *DeleteWord* sucht innerhalb des Wörterbuches das Wort *wrd* und löscht dieses (siehe auch *Deleted*).

Fehler, die während der Ausführung von *DeleteWord* auftreten, können mit der Funktion *Error* ermittelt werden.

Beispiel

```
PROGRAM DeleteWord_Test;
USES
  Spell;
VAR
  lex:PLex;
  wort:STRING;
  ok:BOOLEAN;
BEGIN
  WriteLn('Wörterbuch wird geöffnet ...'); WriteLn;
  New(lex,Open('SPELL.LEX',FALSE));
  IF GlobalError<>erOK THEN BEGIN
    WriteLn('Wörterbuch SPELL.LEX nicht gefunden oder defekt ...');
    Halt
  END;
```

```
  ok:=TRUE;
  WHILE ok DO BEGIN
    wort:='';
    Write('Wort löschen: '); ReadLn(wort);
    IF wort='' THEN
      ok:=FALSE
    ELSE BEGIN
      lex^.DeleteWord(wort);
      WriteLn('Wort gelöscht: ',lex^.Deleted)
    END
  END;
  WriteLn('Wörterbuch wird geschlossen ...');
  Dispose(lex,Close)
END. { DeleteWord_Test }
```

Siehe auch
Deleted, Inserted, InsertWord, WordExists, WordExistsAll

TLex.Error

Zweck
Liefert eine Fehlernummer.

Struktur

```
FUNCTION TLex.Error:INTEGER;
```

Bemerkung
Die Funktion *Error* prüft, ob während der Ausführung der Wörterbuch-Routinen ein Fehler aufgetreten ist. Um die Abfrage zu erleichtern, sind folgende Konstanten in der Unit *Spell* definiert:

erOK	=0; es ist kein Fehler aufgetreten
erWordNumFalse	=-1; die Funktion *WordNum* liefert eine falsche Anzahl Wörter (kann jedoch mit *WordCount* behoben werden)
erFull	=-2; Wörterbuch voll (tritt bei *InsertWord* auf)
erNotClosed	=-3; Wörterbuch konnte nicht geschlossen werden (tritt bei *Close* auf, wenn ein zuvor im RAM erzeugtes Wörterbuch nicht auf die Diskette bzw. Festplatte geschrieben werden kann)

Falls *Error* einen positiven Fehlercode liefert, sind Probleme mit der Festplatte bzw. Diskette aufgetreten. Das Funktionsergebnis stimmt dabei mit demjenigen der Turbo Pascal-Funktion *IOresult* überein (siehe hierzu System-Handbuch).

Die Fehlernummer wird beim Aufruf der Funktion *Error* nicht zurückgesetzt und kann somit beliebig oft ermittelt werden.

Siehe auch
GlobalError

TLex.InRam

Zweck
Prüft, ob sich ein Wörterbuch im Arbeitsspeicher befindet.

Struktur

```
FUNCTION TLex.InRam:BOOLEAN;
```

Bemerkung
Die Funktion *InRam* liefert den Wert *TRUE*, wenn sich das dem Objekt zugeordnete Wörterbuch im Arbeitsspeicher (RAM) befindet. Mit Hilfe dieser Information läßt sich feststellen, ob der Heap genügend groß war, um ein Wörterbuch in den Arbeitsspeicher zu laden (siehe hierzu auch den Parameter *ram* bei den Konstruktoren *Open*, *Create* oder *OpenOrCreate*).

Siehe auch
Create, LexName, Open, OpenOrCreate

TLex.Inserted

Zweck
Prüft, ob das letzte Wort eingefügt werden konnte.

Struktur

```
FUNCTION TLex.Inserted:BOOLEAN;
```

Bemerkung
Wenn die Funktion *Inserted* nach dem Aufruf von *InsertWord* den Wert *FALSE* liefert, konnte das gewünschte Wort nicht in das angegebene Wörterbuch aufgenommen werden. Dies kann folgende Gründe haben:

- Wort bereits im Wörterbuch enthalten
- Wort umfaßt nur ein einziges Zeichen
- Wörterbuch voll (*Error* liefert die Konstante *erFull*)
- Probleme mit der Festplatte oder Diskette (*Error* liefert einen positiven Wert)

Siehe auch
Deleted, DeleteWord, InsertWord

TLex.InsertWord

Zweck
Fügt ein Wort in ein Wörterbuch ein.

Struktur

```
PROCEDURE TLex.InsertWord(wrd:STRING);
```

Bemerkung
Die Prozedur *InsertWord* sucht im Wörterbuch einen freien Platz und fügt das Wort *wort* ein. Jedes Wort wird nur ein einziges Mal im Wörterbuch gespeichert, auch dann, wenn Sie versuchen, ein Wort mit *InsertWord* mehrmals einzufügen. Mit der Funktion *Inserted* läßt sich überprüfen, ob ein Wort erfolgreich eingefügt werden konnte.

Die Zeichenkette *wort* darf alle Zeichen im Bereich *#0..#255* enthalten. Zwischen Groß- und Kleinschreibung wird unterschieden, d.h. die drei Wörter "gehen", "Gehen" und "GEHEN" sind nicht identisch.

Fehler, die während der Ausführung von *InsertWord* auftreten, können mit *Error* ermittelt werden.

Beispiel

```
PROGRAM InsertWord_Test;
USES
  Spell;
VAR
  lex:PLex;
```

```
  wort:STRING;
  ok:BOOLEAN;
BEGIN
  WriteLn('Wörterbuch wird geöffnet ...'); WriteLn;
  New(lex,Open('SPELL.LEX',FALSE));
  IF GlobalError<>0 THEN BEGIN
    WriteLn('Wörterbuch SPELL.LEX nicht gefunden oder defekt ...');
    Halt
  END;
  ok:=TRUE;
  WHILE ok DO BEGIN
    wort:='';
    Write('Wort einfügen: '); ReadLn(wort);
    IF wort='' THEN
      ok:=FALSE
    ELSE BEGIN
      lex^.InsertWord(wort);
      WriteLn('Wort eingefügt: ',lex^.Inserted)
    END
  END;
  WriteLn('Wörterbuch wird geschlossen ...');
  Dispose(lex,Close)
END. { InsertWord_Test }
```

Siehe auch

Deleted, DeleteWord, Inserted, WordExists

TLex.Kill

Zweck

Löscht ein offenes Wörterbuch.

Struktur

```
DESTRUCTOR TLex.Kill;
```

Bemerkung

Die Prozedur *Kill* löscht das dem Objekt zugeordnete Wörterbuch. Dies ist besonders dann praktisch, wenn ein temporäres Wörterbuch erzeugt worden ist, das nach der Textkorrektur nicht mehr benötigt wird. Ein temporäres Wörterbuch kann beispielsweise für Wörter angelegt werden, die in einem Text ignoriert werden sollen (siehe Demo-Programm *SPELLCHK.PAS*, das sich auf einer der beiliegenden Disketten im Directory *DEMO* befindet).

Siehe auch
Close, Create, Open, OpenOrCreate

TLex.LexName

Zweck
Liefert den vollständigen Dateinamen eines Wörterbuches.

Struktur

```
FUNCTION TLex.LexName:STRING;
```

Bemerkung
Die Funktion *LexName* liefert den vollständigen Dateinamen (inkl. Laufwerks- und Pfadangabe) des offenen Wörterbuches (auch dann, wenn dieses in den Arbeitsspeicher geladen worden ist).

Siehe auch
Create, InRam, Open

TLex.Open

Zweck
Öffnet ein bestehendes Wörterbuch.

Struktur

```
CONSTRUCTOR TLex.Open(name:STRING; ram:BOOLEAN);
```

Bemerkung
Die Prozedur *Open* öffnet ein bestehendes Wörterbuch (gleichzeitig kann eine beliebige Anzahl von Wörterbüchern geöffnet werden).

Dem Parameter *name* muß der Dateinamen der zu öffnenden Wörterbuchdatei übergeben werden (Laufwerks- und Pfadangaben sind möglich).

Innerhalb von *Open* wird *name* mit Hilfe von *FExpand* (Turbo Pascal-Funktion) den Regeln von MS-DOS entsprechend erweitert; dieser erweiterte Name läßt sich mit *LexName* ermitteln. Wenn das Wörterbuch *name* nicht gefunden wird, liefert *GlobalError* den Wert der Konstanten *erFile-*

NotFound (siehe auch die Prozedur *OpenOrCreate*). Dabei wird das Objekt *TLex* nicht erzeugt:

```
USES
  Spell;
VAR
  lex:PLex;
BEGIN
  New(lex,Open('IRGEND.EIN',TRUE));
  IF GlobalError=erFileNotFound THEN BEGIN
    WriteLn('Datei nicht gefunden. Wörterbuch nicht verwendbar.');
    Halt
  END;
  ...
  Dispose(lex,Close)
END.
```

Falls dem Parameter *ram* der Wert *TRUE* übergeben wird, versucht *Open*, das Wörterbuch in den Arbeitsspeicher (RAM) zu laden. Ist dieser zu klein oder enthält *ram* den Wert *FALSE*, greifen die Wörterbuch-Routinen direkt auf das Wörterbuch auf der Festplatte bzw. Diskette zu (siehe auch die Funktion *InRam*). Natürlich sind die einzelnen Wörterbuch-Routinen bedeutend schneller, wenn sich ein Wörterbuch im Arbeitsspeicher befindet und nicht auf der Festplatte bzw. Diskette.

Falls die Größe der Wörterbuch-Datei *name* nicht einer vordefinierten Größe entspricht[4], öffnet *Open* das Wörterbuch nicht, und *GlobalError* liefert den Wert der Konstanten *erDefect*. Die Größe eines geöffneten Wörterbuches läßt sich jederzeit mit der Funktion *WordSize* ermitteln.

Siehe auch

Close, Create, InRam, Kill, OpenOrCreate

TLex.OpenOrCreate

Zweck

Öffnet ein bestehendes oder erzeugt ein neues Wörterbuch.

Struktur

```
CONSTRUCTOR TLex.OpenOrCreate(name:STRING; ram:BOOLEAN; size:WORD);
```

---

4 Eine Wörterbuch-Datei muß eine der folgenden Größen aufweisen: 32, 64, 128, 256 oder 512 KBytes.

Bemerkung

Die Prozedur *OpenOrCreate* versucht zunächst, mit Hilfe von *Open(name,ram)* eine Wörterbuch-Datei zu öffnen. Falls die Datei *name* nicht gefunden werden kann, führt *OpenOrCreate* anschließend *Create(name, ram, size)* aus, um ein neues Wörterbuch zu generieren (weitere Informationen hierzu erhalten Sie bei *Create* und *Open*).

Bitte beachten Sie, daß *size* nicht unbedingt mit der wirklichen Größe eines zu öffnenden Wörterbuches übereinstimmen muß. Der Parameter *size* wird erst dann verwendet, wenn ein Wörterbuch nicht gefunden werden konnte und somit erzeugt wird.

Siehe auch

Close, Create, InRam, Kill, Open

TLex.WordCompounded

Zweck

Prüft, ob ein Wort aus bekannten Teilwörtern besteht.

Struktur

```
FUNCTION TLex.WordCompounded(wrd:STRING):BOOLEAN;
```

Bemerkung

In der deutschen Sprache ist es möglich, eine Vielzahl von Hauptwörtern zusammenzusetzen (z.B. "Igel", "Schwein" und "Stachel" zu "Igelstachelschwein"). Da die Anzahl dieser Zusammensetzungen nicht überschaubar ist und ein Wörterbuch meist viele Stammwörter enthält, scheint es sinnvoll, diese für eine Worterkennung zu verwenden.

Die Funktion *WordCompounded* prüft, ob das Wort *wrd* aus mehreren bekannten Hauptwörtern besteht und liefert den Wert *TRUE*, wenn dies zutrifft. *WordCompounded* ist auch in der Lage, zusammengesetzte Wörter mit einem Fugen-s[5] richtig zu erkennen. Bitte beachten Sie, daß *WordCompounded* nur nach Hauptwörtern sucht, die mindestens drei Zeichen umfassen.

Falls Sie *WordCompounded* ein Wort übergeben, das klein geschrieben oder weniger als sechs Zeichen lang ist, erhalten Sie immer *FALSE*

---

[5] Z.B. *Funktionsgraph* und nicht *Funktiongraph*, *Schönheitskönigin* und nicht *Schönheitkönigin*.

als Funktionsergebnis zurück. Außerdem ist *WordCompounded* nicht in der Lage, *wrd* als "bekannt" zu erkennen, wenn dieses zwar im Wörterbuch enthalten aber nicht zusammengesetzt ist (für diesen Zweck verwenden Sie bitte die Funktion *WordExists*).

Beispiel

```
PROGRAM WordCompounded_Test;
USES
  Spell,Crt;
VAR
  lex:PLex;
  wort:STRING;
  ch:CHAR;
  ok:BOOLEAN;
BEGIN
  New(lex,OpenOrCreate('SPELL.LEX',FALSE,Size16KWords));
  IF GlobalError<>erOK THEN BEGIN
    WriteLn('Wörterbuch konnte nicht geöffnet werden ...');
    Halt
  END;
  ok:=TRUE;
  WHILE ok DO BEGIN
    wort:='';
    Write('Wort: '); ReadLn(wort);
    IF wort='' THEN
      ok:=FALSE
    ELSE BEGIN
      IF lex^.WordExists(wort) THEN
        WriteLn('-> Wort enthalten')
      ELSE IF lex^.WordCompounded(wort) THEN
        WriteLn('-> Wort zusammengesetzt')
      ELSE BEGIN
        Write('!! Wort nicht enthalten. Aufnehmen (J/N)? ');
        REPEAT
          ch:=UpCase(ReadKey);
          Write(ch,#8);
        UNTIL ch IN ['J','N'];
        WriteLn;
        IF ch='J' THEN lex^.InsertWord(wort);
      END
    END
  END;
  Dispose(lex,Close)
END. { WordCompounded_Test }
```

Siehe auch

WordExists

TLex.WordCount

Zweck
Zählt die in einem Wörterbuch enthaltenen Wörter.

Struktur

```
FUNCTION TLex.WordCount:LONGINT;
```

Bemerkung
Die Funktion *WordCount* durchsucht das geöffnete Wörterbuch und gibt die Anzahl der darin enthaltenen Wörter zurück. Falls *Error* unmittelbar nach *WordCount* den Wert der Konstanten *erWordNumFalse* liefert, ist während der Funktionsausführung ein Fehler aufgetreten (im Zusammenhang mit der Festplatte bzw. Diskette).

Beim Schließen eines Wörterbuches wird die Anzahl der Wörter gespeichert und steht somit beim Öffnen wieder unmittelbar zur Verfügung. Somit kann *WordCount* im Normalfall durch die wesentlich schnellere Funktion *WordNum* ersetzt werden und sollte nur dann zur Anwendung kommen, wenn nach *WordNum* der Fehler *erWordNumFalse* (siehe *Error*) auftritt. Dieser Fall ist genau dann denkbar, wenn bei offenem Wörterbuch ein Programm gewaltsam durch einen Warmstart (Drücken von *Ctrl-Alt-Del*) oder Netzausfall abgebrochen worden ist oder das Wörterbuch am Ende eines Programmes nicht geschlossen wird.

Falls *WordCount* fehlerfrei ausgeführt werden konnte (*Error* übergibt den Wert *erOK*)[6], liefert auch *WordNum* wieder einen korrekten Wert.

Siehe auch
WordNum, WordSize

TLex.WordExists

Zweck
Prüft, ob ein Wort in einem Wörterbuch enthalten ist.

Struktur

```
FUNCTION TLex.WordExists(wrd:STRING):BOOLEAN;
```

---

6 Fehler sind nur im Zusammenhang mit einer Festplatte oder Diskette möglich (z.B. Lesefehler). *Error* liefert in diesem Fall einen positiven Wert.

Bemerkung

Die Funktion *WordExists* prüft, ob sich das Wort *wrd* im zuvor geöffneten Wörterbuch befindet und liefert den Wert *TRUE*, wenn dies zutrifft.

Da viele klein geschriebenen Wörter (z.B. *suchen*) in der deutschen Sprache auch groß geschrieben werden können (z.B. *das Suchen*), kann es vorteilhaft sein, in einem Korrekturprogramm groß geschriebene Wörter erst dann zu bemängeln, wenn sie auch nicht in der entsprechenden Kleinschreibung bekannt sind.

Beispiel

```
PROGRAM WordExists_Test;
USES
  Spell,Standard,Crt;
VAR
  lex:PLex;
  wort,temp:STRING;
  ch:CHAR;
  bleib,wordok:BOOLEAN;

  FUNCTION Upper(VAR wort:STRING):BOOLEAN;
  BEGIN
    Upper:=TRUE;
    CASE wort[1] OF
      'A'..'Z','Ä','Ö','Ü': Exit
    END;
    Upper:=FALSE
  END; { Upper }

BEGIN
  New(lex,OpenOrCreate('SPELL.LEX',FALSE,Size16KWords));
  IF GlobalError<>erOK THEN BEGIN
    WriteLn('Wörterbuch konnte nicht geöffnet werden ...');
    Halt
  END;
  bleib:=TRUE;
  WHILE bleib DO BEGIN
    wordok:=FALSE;
    wort:='';
    Write('Wort: '); ReadLn(wort);
    IF wort='' THEN
      bleib:=FALSE
    ELSE BEGIN
      IF lex^.WordExists(wort) THEN BEGIN     { existiert Wort? }
        WriteLn('-> Wort bekannt');
        wordok:=TRUE
      END ELSE IF lex^.WordCompounded(wort) THEN BEGIN  { Wort zus.gesetzt? }
        WriteLn('-> Wort zusammengesetzt');
        wordok:=TRUE
```

```
      END ELSE IF Upper(wort) THEN BEGIN       { Wort groß geschrieben? }
        temp:=Lower(wort);                     { in Kleinbuchstaben umwandeln }
        IF lex^.WordExists(temp) THEN BEGIN    { in Kleinschreibung enthalten? }
          WriteLn('-> Wort in Kleinschreibung enthalten');
          wordok:=TRUE
        END
      END;
      IF NOT wordok THEN BEGIN
        Write('!! Wort nicht enthalten. Aufnehmen (J/N)? ');
        REPEAT
          ch:=UpCase(ReadKey);
          Write(ch,#8)
        UNTIL ch IN ['J','N'];
        WriteLn;
        IF ch='J' THEN lex^.InsertWord(wort)
      END
    END
  END;
  Dispose(lex,Close)
END. { WordExists_Test }
```

Siehe auch
DeleteWord, InsertWord, WordCompounded

TLex.WordNum

Zweck
Liefert die aktuelle Anzahl Wörter, die in einem Wörterbuch enthalten sind.

Struktur

```
FUNCTION TLex.WordNum:LONGINT;
```

Bemerkung
Die Funktion *WordNum* liefert die aktuelle Anzahl der Wörter, die im Wörterbuch enthalten sind. Diese wird im Normalfall innerhalb des Wörterbuches gespeichert und steht unmittelbar nach dem Öffnen (siehe *Open*) zur Verfügung. Falls jedoch die Funktion *Error* nach *WordNum* den Wert der Konstanten *erWordNumFalse* liefert, war die gespeicherte Anzahl Wörter beim Öffnen des Wörterbuches nicht korrekt. In diesem Fall gibt *WordNum* lediglich darüber Auskunft, wieviele Wörter seit dem Öffnen des Wörterbuches eingefügt oder gelöscht worden sind (weitere Informationen bei *WordCount*).

Siehe auch
WordCount, WordSize

TLex.WordSize

Zweck
Liefert die maximale Anzahl Wörter, die ein Wörterbuch aufnehmen kann.

Struktur

```
FUNCTION TLex.WordSize:LONGINT;
```

Bemerkung
Die Funktion *WordSize* liefert die maximale Anzahl der Wörter, die im Wörterbuch gespeichert werden können. Die Wörterbuchgröße wird beim Erzeugen (mit *Create*) eines Wörterbuches festgelegt.

Beispiel

```
PROGRAM WordSize_Test;
USES
  Spell;
VAR
  lex:PLex;
  proz:LONGINT;
BEGIN
  New(lex,Open('SPELL.LEX',FALSE));
  IF GlobalError<>erOK THEN BEGIN
    WriteLn('Wörterbuch nicht gefunden oder fehlerhaft ...');
    Halt
  END;
  WriteLn(' WordSize: ',lex^.WordSize);
  WriteLn('  WordNum: ',lex^.WordNum);
  IF lex^.Error=erWordNumFalse THEN BEGIN
    WriteLn('!! Wörter müssen im Wörterbuch gezählt werden ...');
    WriteLn('WordCount: ',lex^.WordCount);
    { Ab jetzt liefert <WordNum> wieder korrekten Wert }
  END;
  Write('Wörterbuch gefüllt: ',lex^.WordNum*100 DIV lex^.WordSize,'%');
  Dispose(lex,Close)
END. { WordSize_Test }
```

Siehe auch
WordCount, WordNum

Die Unit Standard

Zweck

Stellt wichtige Routinen zur Verfügung, die immer wieder gebraucht werden.

Bemerkung

In meiner Programmierpraxis habe ich die Erfahrung gemacht, daß ich immer wieder dieselben Prozeduren und Funktionen benötige, die nicht zum Sprachumfang von Turbo Pascal gehören. Stets entwickelte ich diese neu, da es sich vermeintlich nicht lohnte, solche Anfänger-Algorithmen zu sammeln und zu pflegen; weit interessantere Probleme warteten bereits im Hintergrund. Nun, endlich habe ich diese Unit geschrieben und fühle mich sehr gut dabei, wenn ich ohne zu denken auf Routinen zugreifen kann, die weder viel Schweiß noch manche Tasse Kaffee gekostet haben:

BeepOff	Schaltet den Warnton aus, der bei den Prozeduren *ReadInt*, *ReadReal* und *ReadStr* verwendet wird
BeepOn	Schaltet den Warnton ein (Standardeinstellung)
Bin	Wandelt einen Wert ins binäre Zahlensystem um
BitSet	Prüft, ob ein bestimmtes Bit gesetzt ist
ClrBit	Löscht ein bestimmtes Bit
DelZero	Eliminiert führende Nullen
FirstUpper	Wandelt eine Zeichenkette so um, daß der erste Buchstabe groß, die restlichen hingegen klein geschrieben sind
Float	Stellt eine reelle Zahl mit Fließkomma dar
Hex	Wandelt einen Wert ins hexadezimale Zahlensystem um
InStr	Prüft, ob eine Zeichenkette in einer anderen (ab einer bestimmten Position) enthalten ist
Lower	Wandelt eine Zeichenkette in Kleinbuchstaben um
LString	Übergibt eine Zeichenkette, die von einer anderen links abgeschnitten wurde
LTrim	Beseitigt die einer Zeichenkette vorangestellten Leerzeichen
ReadInt	Liest einen ganzzahligen Wert ein
ReadReal	Liest einen reellen Wert ein
ReadStr	Liest eine Zeichenkette ein

Replicate Bildet aus einem Zeichen eine Zeichenkette beliebiger Länge

Rnd Ermittelt eine Zufallszahl, die sich in einem gewissen Bereich befindet

RString Übergibt eine Zeichenkette, die von einer anderen rechts abgeschnitten wurde

RTrim Eliminiert die einer Zeichenkette folgenden Leerzeichen

SetBit Setzt ein bestimmtes Bit

Trim Entfernt alle Leerzeichen, die sich in einer Zeichenkette befinden

Upper Wandelt eine Zeichenkette in lauter Großbuchstaben um

ValBin Wandelt einen binären Wert um

ValHex Wandelt einen hexadezimalen Wert um

Folgende Variable ist in der Unit *Standard* definiert und steht Ihnen zur Verfügung:

Esc Wird von den Prozeduren *ReadInt*, *ReadReal* und *ReadStr* verwendet und enthält den Wert TRUE, falls eine dieser Prozeduren mit der <ESC>-Taste verlassen worden ist.

BeepOff

Zweck
Schaltet den Signalton aus.

Struktur

```
PROCEDURE BeepOff;
```

Bemerkung
Die Funktionen *ReadInt*, *ReadReal* und *ReadStr* erzeugen bei ungültigen Tastatureingaben einen kurzen Signalton, der mit der Prozedur *BeepOff* ausgeschaltet werden kann.

Siehe auch
BeepOn, ReadInt, ReadReal, ReadStr

BeepOn

Zweck
Schaltet den Signalton ein.

Struktur

```
PROCEDURE BeepOn;
```

Bemerkung
Die Prozedur *BeepOn* schaltet den Signalton ein, der von den Funktionen *ReadInt*, *ReadReal* und *ReadStr* bei ungültigen Tastatureingaben ausgelöst wird. Standardmäßig ist der Signalton aktiv.

Siehe auch
BeepOff, ReadInt, ReadReal, ReadStr

Bin

Zweck
Wandelt eine dezimale Zahl in einen binären Wert um.

Struktur

```
FUNCTION Bin(wert:LONGINT):STRING;
```

Bemerkung
Die dem Parameter *wert* übergebene Zahl wird ins Binärsystem umgewandelt und als String mit einer Länge von 32 Zeichen zurückgegeben. Dieser String kann mit der Funktion *RString* auf eine gewünschte Länge gebracht werden. Führende Nullen sind bei Bedarf mit der Funktion *DelZero* zu eliminieren.

Beispiel

```
PROGRAM Bin_Test;
USES
  Standard;
VAR
  i:INTEGER;
  w:WORD;
  b:BYTE;
  l:LONGINT;
```

```
BEGIN
  i:=1444;
  w:=MaxInt+1;
  b:=23;
  l:=MaxLongInt;
  WriteLn(RString(Bin(i),16));
  WriteLn(RString(Bin(w),16));
  WriteLn(RString(Bin(b),8));
  WriteLn(Bin(l));
  WriteLn(DelZero(Bin(i)))
END.
```

Siehe auch

DelZero, Hex, ValBin, ValHex

BitSet

Zweck

Prüft, ob ein bestimmtes Bit einer Zahl gesetzt ist.

Struktur

```
FUNCTION BitSet(wert:LONGINT; nr:BYTE):BOOLEAN;
```

Bemerkung

Die Funktion *BitSet* prüft, ob das Bit *nr* des Parameters *wert* gesetzt ist. Der Datentyp *LONGINT* besteht aus 4 Bytes (entspricht 32 Bits). Bitte beachten Sie, daß dem ersten Bit die Nummer 0 zugeordnet ist. Falls *nr* einen Wert enthält, der größer als 31 ist, übergibt *BitS*et immer *FALSE.*

Beispiel

```
PROGRAM BitSet_Test;
USES
  Standard;
VAR
  b:BYTE;
  i:INTEGER;
  w:WORD;
  l:LONGINT;
BEGIN
  b:=127;
  w:=45876;
  l:=1000000;
  FOR i:=0 TO 7 DO WriteLn(i:2,'. Bit von <b>: ',BitSet(b,i));
  FOR i:=0 TO 15 DO WriteLn(i:2,'. Bit von <w>: ',BitSet(w,i));
```

```
  FOR i:=0 TO 31 DO WriteLn(i:2,'. Bit von <l>: ',BitSet(l,i))
END.
```

Siehe auch
ClrBit, SetBit

ClrBit

Zweck
Löscht ein bestimmtes Bit einer Zahl.

Struktur

```
FUNCTION ClrBit(wert:LONGINT; nr:BYTE):LONGINT;
```

Bemerkung
Die Funktion *ClrBit* löscht das Bit *nr* des übergebenen Parameters *wert*, der maximal aus 4 Bytes besteht (entspricht 32 Bits). Bitte beachten Sie, daß dem ersten Bit die Nummer 0 zugeordnet ist.

Beispiel

```
PROGRAM ClrBit_Test;
USES
  Standard;
VAR
  ch:CHAR;
BEGIN
  ch:='a';
  WriteLn('Kleinbuchstabe: ',ch);
  ch:=CHAR(ClrBit(BYTE(ch),5));
  WriteLn('Großbuchstabe: ',ch)
END.
```

Siehe auch
BitSet, SetBit

DelZero

Zweck
Löscht führende Nullen.

Struktur

```
FUNCTION DelZero(s:STRING):STRING;
```

Bemerkung

Alle Nullen, die am Anfang einer Zeichenkette stehen, werden eliminiert. *DelZero* kann mit den beiden Funktionen *Bin* und *Hex* zusammenarbeiten.

Siehe auch

Bin, Float, Hex, LTrim, RTrim

Esc

Struktur

```
VAR Esc:BOOLEAN;
```

Bemerkung

Die globale Variable *Esc* enthält den Wert TRUE, falls eine der Funktionen *ReadInt*, *ReadReal* oder *ReadStr* mit der <ESC>-Taste verlassen worden ist.

Beispiel

```
PROGRAM Esc_Test;
USES
  Standard;
VAR
  f:FILE;
  name:STRING;
BEGIN
  name:='';
  REPEAT
    Write('Dateiname: ');
    name:=ReadStr(name,64);
    WriteLn;
    IF Esc THEN
      WriteLn('<ESC> gedrückt ...')
    ELSE
      WriteLn('Dateiname eingegeben: ',name);
  UNTIL Esc
END.
```

Siehe auch
ReadInt, ReadReal, ReadStr

FirstUpper

Zweck
Wandelt das erste Zeichen eines Strings in einen Großbuchstaben und die restlichen in Kleinbuchstaben um.

Struktur

```
FUNCTION FirstUpper(s:STRING):STRING;
```

Bemerkung
Die deutschen Buchstaben 'Ä', 'ä', 'Ö', 'ö', 'Ü' und 'ü' werden richtig umgewandelt, 'ß' hingegen bleibt unverändert.

Beispiel

```
PROGRAM FirstUpper_Test;
USES
  Standard;
BEGIN
  WriteLn(FirstUpper('äRMELKANAL'));
  WriteLn(FirstUpper('ÜberLaufVentil'))
END.
```

Siehe auch
Lower, Upper

Float

Zweck
Stellt reelle Werte mit Fließ-Komma dar.

Struktur

```
FUNCTION Float(r:REAL):STRING;
```

Bemerkung
Unter Pascal ist es nicht möglich, eine reelle Zahl mit Fließkomma darzustellen, vielmehr muß bei der Zahlen-Ausgabe eine bestimmte Anzahl Dezimalstellen festgelegt werden.

Die Funktion *Float* stellt den Wert *r* so dar, daß alle signifikanten Dezimalstellen erhalten bleiben.

Beispiel

```
PROGRAM Float_Test;
USES
  Standard;
VAR
  i:INTEGER;
BEGIN
  FOR i:=1 to 20 DO WriteLn(i:2,': ',Float(10/i))
END.
```

Siehe auch
DelZero, ReadReal

Hex

Zweck
Wandelt eine dezimale Zahl in ihren hexadezimalen Wert um.

Struktur

```
FUNCTION Hex(wert:LONGINT):STRING;
```

Bemerkung
Die dem Parameter *wert* übergebene Zahl wird ins hexadezimale System umgewandelt und als String mit einer Länge von 8 Zeichen zurückgegeben. Dieser String kann mit der Funktion *RString* auf eine gewünschte Länge gebracht werden. Führende Nullen sind bei Bedarf mit der Funktion *DelZero* zu eliminieren.

Beispiel

```
PROGRAM Hex_Test;
USES
  Standard;
VAR
```

```
  w:WORD;
  l:LONGINT;
BEGIN
  w:=44000;
  l:=1234567;
  WriteLn(RString(Hex(w),4));
  WriteLn(Hex(l));
  WriteLn(DelZero(Hex(255)))
END.
```

Siehe auch
Bin, DelZero, ValBin, ValHex

InStr

Zweck
Prüft, ob ein String in einem anderen ab einer bestimmten Position enthalten ist.

Struktur

```
FUNCTION InStr(teil,ganz:STRING; position:BYTE):BYTE;
```

Bemerkung
Die Zeichenkette *ganz* wird ab der Stelle *position* nach dem Teilstring *teil* durchsucht. Falls *teil* in *ganz* gefunden wird, übergibt *InStr* die Position des ersten übereinstimmenden Zeichens, andernfalls den Wert 0.

Beispiel

```
PROGRAM InStr_Test;
USES
  Standard;
VAR
  s:STRING;
  p:BYTE;
BEGIN
  s:='Da stehe ich vor der Telefonzelle an unsrer Ecke und warte.';
  p:=0;
  REPEAT
    inc(p);
    p:=InStr('te',s,p);
    IF p<>0 THEN WriteLn('<te> gefunden bei: ',p)
  UNTIL p=0
END.
```

Lower

Zweck
Wandelt eine Zeichenkette in Kleinbuchstaben um.

Struktur

```
FUNCTION Lower(s:STRING):STRING;
```

Bemerkung
Die in *s* enthaltene Zeichenkette wird in Kleinbuchstaben umgewandelt, wobei die Buchstaben 'Ä', 'Ö' und 'Ü' ebenfalls berücksichtigt werden.

Beispiel

```
PROGRAM Lower_Test;
USES
  Standard;
BEGIN
  WriteLn(Lower('ÜBERWÄLTIGT VOM GLANZ DES MINERALGLASES'))
END.
```

Siehe auch
FirstUpper, Upper

LString

Zweck
Übergibt eine Zeichenkette, die links von einer andern abgeschnitten wurde.

Struktur

```
FUNCTION LString(s:STRING; lang:BYTE):STRING;
```

Bemerkung
Die Funktion *LString* übergibt eine Zeichenkette mit der Länge *lang*, die die ersten *lang* Zeichen des Strings *s* enthält. Falls *lang* größer als die effektive Länge der Zeichenkette *s* ist, werden die verbleibenden Stellen mit Leerzeichen gefüllt; somit wird es möglich, Zeichenketten linksbündig auszugeben.

Beispiel

```
PROGRAM LString_Test;
USES
  Standard;
VAR
  s:STRING;
  i:INTEGER;
BEGIN
  s:='Randstein';
  FOR i:=0 TO 20 DO WriteLn(LString(s,i),'<- String-Ende')
END.
```

Siehe auch
RString

LTrim

Zweck
Schneidet die einer Zeichenkette vorangestellten Leerzeichen ab.

Struktur

```
FUNCTION LTrim(s:STRING):STRING;
```

Bemerkung
Die führenden Leerstellen der Zeichenkette *s* werden eliminiert.

Beispiel

```
PROGRAM LTrim_Test;
USES
  Standard;
BEGIN
  WriteLn(LTrim('   Glastüre'));          { ergibt 'Glastüre'             }
  WriteLn(LTrim(' Nanu, was ist los?  ')) { ergibt 'Nanu, was ist los?  ' }
END.
```

Siehe auch
DelZero, Trim, RTrim

ReadInt

Zweck
Liest einen ganzzahligen Wert ein.

Struktur

```
FUNCTION ReadInt(laenge:BYTE):LONGINT;
```

Bemerkung
Die Funktion *ReadInt* liest einen ganzzahligen Wert (LONGINT, 4 Bytes) im Bereich -2147483648..2147483647 ein. Der Parameter *laenge* legt die Feldlänge der einzugebenden Zahl fest (entspricht der Anzahl Ziffern und Spezialzeichen, die ein Wert umfassen darf). Folgende Zeichen erlaubt *ReadInt* bei der Eingabe:

Ziffern	0..9
Buchstaben	A..F, a..f (hexadezimale Darstellung)
Sonderzeichen	- (negative Zahl, nur als erstes Zeichen) $ (hexadezimale Zahl, nur als erstes Zeichen)

Ein Warnton weist darauf hin (wenn *BeepOn* aktiv), daß Sie versucht haben, ein ungültiges Zeichen einzugeben. Mit den folgenden Tasten können Sie die Eingabe editieren:

→	Bewegt den Cursor um ein Zeichen nach rechts
←	Bewegt den Cursor um ein Zeichen nach links
Home	Setzt den Cursor auf das erste Zeichen
End	Setzt den Cursor hinter das letzte Zeichen
|← (BS)	Löscht das Zeichen links des Cursors
Del	Löscht das Zeichen unter dem Cursor
Ctrl Y	Löscht die gesamte Eingabe
RETURN	Schließt die Eingabe ab
ESC	Bricht die Eingabe ab (die globale Variable *Esc* enthält den Wert *TRUE*). Als Funktionswert wird 0 ausgegeben (bei *ReadStr* der Startwert).

Zu große Zahlenwerte (so kann Turbo Pascal beispielsweise keinen 20-stelligen Wert verarbeiten) werden verkleinert, d.h. es werden maximal 10..11 Zeichen des Eingabefeldes ausgewertet (links beginnend).

Falls ein Eingabefeld über die aktuellen Fenstergrenzen hinausreicht, wird es entsprechend verkleinert.

Beispiel

```
PROGRAM ReadInt_Test;
USES
  Standard;
VAR
  b:BYTE;
  w:WORD;
  l:LONGINT;
BEGIN
  Write('Eingabe b: ');
  b:=ReadInt(2);
  WriteLn;
  IF Esc THEN
    WriteLn('Eingabe abgebrochen')
  ELSE
    WriteLn('b: ',b);
  Write('w: ');
  w:=ReadInt(4);
  WriteLn;
  Write('l: ');
  l:=ReadInt(10);
  WriteLn;
  WriteLn('w: ',w);
  WriteLn('l: ',l)
END.
```

Siehe auch

BeepOff, BeepOn, ReadReal, ReadStr

ReadReal

Zweck

Liest einen reellen Wert ein.

Struktur

```
FUNCTION ReadReal(laenge:BYTE):REAL;
```

Bemerkung

Die Funktion *ReadReal* liest einen reellen Wert (REAL, 6 Bytes) im Bereich —1.7e38 .. 1.7e38 ein. Der Parameter *laenge* legt die Feldlänge der einzugebenden Zahl fest (entspricht der Anzahl Ziffern und Spezialzeichen, die der Wert umfassen darf). Folgende Zeichen erlaubt *ReadReal* bei der Eingabe:

Ziffern 0..9

Buchstabe E oder e ("wissenschaftliche" Darstellung, z.B. 1e2 entspricht $1*10^2$)

Sonderzeichen - (negative Zahl, nur als erstes Zeichen oder nach dem Buchstaben E)
. (Dezimalpunkt, nur einmal pro Eingabefeld)

Ein Warnton weist darauf hin (wenn *BeepOn* aktiv), daß Sie versucht haben, ein ungültiges Zeichen einzugeben.

Zur Editierung des Eingabefeldes können dieselben Tasten wie bei *ReadInt* verwendet werden. Falls ein Eingabefeld über die aktuellen Fenstergrenzen hinausreicht, wird es entsprechend verkleinert.

Beispiel

```
PROGRAM ReadReal_Test;
USES
  Standard;
VAR
  r:REAL;
BEGIN
  Write('Eingabe: ');
  r:=ReadReal(10);
  WriteLn;
  IF Esc THEN
    WriteLn('Eingabe abgebrochen')
  ELSE
    WriteLn(r)
END.
```

Siehe auch

BeepOff, BeepOn, Float, ReadInt, ReadStr

ReadStr

Zweck

Liest eine Zeichenkette ein.

Struktur

```
FUNCTION ReadStr(startwert:STRING; laenge:BYTE):STRING;
```

Bemerkung

Die Funktion *ReadStr* liest Zeichenketten der Länge *laenge* ein. Der Parameter *startwert* wird zu Beginn der Funktion im Eingabefeld angezeigt und kann weiterverwendet werden; *startwert* bleibt jedoch nur dann erhalten, wenn die erste Tastatureingabe ein Editierbefehl ist, andernfalls wird sie gelöscht. Zeichen im Bereich #0..#31, die sich in *startwert* befinden, werden in Punkte (.) umgewandelt.

Zur Editierung des Eingabefeldes können dieselben Tasten wie bei *ReadInt* verwendet werden. *ReadStr* akzeptiert alle Zeichen, deren ASCII-Code im Bereich #32..#255 liegen. Falls ein Eingabefeld über die aktuellen Fenstergrenzen hinausreicht, wird es entsprechend verkleinert.

Beispiel

```
PROGRAM ReadStr_Test;
USES
  Standard;
VAR
  name:STRING;
BEGIN
  Write('Dateiname: ');
  name:=ReadStr('TEST.TXT',80);
  WriteLn;
  IF esc THEN Write('<Abgebrochen>') ELSE Write('Name: ',name);
END.
```

Siehe auch

BeepOff, BeepOn, Esc, ReadInt, ReadReal

Replicate

Zweck

Erzeugt eine Zeichenkette beliebiger Länge, gebildet aus einem Zeichen.

Struktur

```
FUNCTION Replicate(ch:CHAR; anzahl:BYTE):STRING;
```

Bemerkung

Die Funktion *Replicate* erzeugt eine Zeichenkette, die *anzahl* Mal das Zeichen *ch* enthält.

Beispiel

```
PROGRAM Replicate_Test;
USES
  Standard;
VAR
  i:BYTE;
BEGIN
  FOR i:=1 TO 80 DO
    WriteLn(Replicate('*',i))
END.
```

Rnd

Zweck
Ermittelt eine Zufallszahl, die in einem bestimmten Bereich liegt.

Struktur

```
FUNCTION Rnd(start,ende:WORD):WORD;
```

Bemerkung
Die Funktion *Rnd* ermittelt eine Zufallszahl, die im angegebenen Bereich *start..ende* liegt. Da *Rnd* die von Turbo Pascal zur Verfügung gestellte Funktion *Random* benützt, kann der Zufallszahlengenerator mit *Randomize* in einen unbekannten Zustand gebracht werden.

Beispiel

```
PROGRAM Rnd_Test;
USES
  Standard;
VAR
  i:WORD;
BEGIN
  FOR i:=1 TO 10 DO WriteLn(i:2,'. Würfelwurf: ',Rnd(1,6))
END.
```

RString

Zweck
Übergibt eine Zeichenkette, die von einer andern rechts abgeschnitten wurde.

Struktur

```
FUNCTION RString(s:STRING; lang:BYTE):STRING;
```

Bemerkung
Die Funktion *RString* übergibt eine Zeichenkette mit der Länge *lang*, die die letzten *lang* Zeichen des Strings *s* enthält. Falls *lang* größer als die effektive Länge der Zeichenkette *s* ist, werden die ersten Stellen mit Leerzeichen gefüllt.

Beispiel

```
PROGRAM RString_Test;
USES
  Standard;
VAR
  s:STRING;
  i:INTEGER;
BEGIN
  s:='Kaulquappe';
  FOR i:=0 TO 20 DO WriteLn(RString(s,i))
END.
```

Siehe auch
LString

RTrim

Zweck
Schneidet die am Ende einer Zeichenkette stehenden Leerzeichen ab.

Struktur

```
FUNCTION RTrim(s:STRING):STRING;
```

Bemerkung

Die Funktion *RTrim* eliminiert die Leerzeichen, die sich am Ende der Zeichenkette *s* befinden.

Beispiel

```
PROGRAM RTrim_Test;
USES
  Standard;
BEGIN
  Write(RTrim('  Hühnermist   ')); { ergibt '  Hühnermist' }
  WriteLn('<-- Ende der Zeichenkette')
END.
```

Siehe auch

DelZero, Trim, LTrim

SetBit

Zweck

Setzt ein bestimmtes Bit in einer Zahl.

Struktur

```
FUNCTION SetBit(wert:LONGINT; nr:BYTE):LONGINT;
```

Bemerkung

Die Funktion *SetBit* setzt das Bit *nr* des übergebenen Parameters *wert*, der maximal aus 4 Bytes besteht (entspricht 32 Bits). Bitte beachten Sie, daß dem ersten Bit die Nummer 0 zugeordnet ist.

Beispiel

```
PROGRAM SetBit_Test;
USES
  Standard;
VAR
  ch:CHAR;
BEGIN
  ch:='A';
  WriteLn('Großbuchstabe: ',ch);
  ch:=CHAR(SetBit(BYTE(ch),5));
  WriteLn('Kleinbuchstabe: ',ch)
END.
```

Siehe auch
BitSet, ClrBit

Trim

Zweck
Eliminiert alle Leerzeichen, die in einer Zeichenkette enthalten sind.

Struktur

```
FUNCTION Trim(s:STRING):STRING;
```

Bemerkung
Die Funktion *Trim* bildet eine Zeichenkette aus dem String *s*, ohne die Leerzeichen zu berücksichtigen.

Beispiel

```
PROGRAM Trim_Test;
USES
  Standard;
BEGIN
  WriteLn(Trim(' G E S P E R R T ')); { ergibt 'GESPERRT' }
END.
```

Siehe auch
DelZero, LTrim, RTrim

Upper

Zweck
Wandelt alle Zeichen eines Strings in Großbuchstaben um.

Struktur

```
FUNCTION Upper(s:STRING):STRING;
```

Bemerkung
Die in *s* enthaltene Zeichenkette wird in Großbuchstaben umgewandelt, wobei die deutschen Sonderzeichen 'ä', 'ö' und 'ü' richtig behandelt werden. 'ß' bleibt unverändert.

Beispiel

```
PROGRAM Upper_Test;
USES
  Standard;
BEGIN
  WriteLn(Upper('großbuchstaben'));
  WriteLn(Upper('büromöbel'))
END.
```

Siehe auch

FirstUpper, Lower

ValBin

Zweck

Wandelt eine binäre Zahl in eine dezimale um.

Struktur

```
FUNCTION ValBin(s:STRING):LONGINT;
```

Bemerkung

Der dem Parameter *s* übergebene String muß eine Zahl im Binärsystem darstellen. Diese wird ins dezimale System umgewandelt.

Es werden nur die ersten 32 Zeichen des Parameters *s* berücksichtigt. Sollten sich außer den beiden Zeichen '0' und '1' noch andere im übergebenen String befinden, werden diese als '0' interpretiert.

Beispiel

```
PROGRAM ValBin_Test;
USES
  Standard;
VAR
  b:BYTE;
  i:INTEGER;
  l:LONGINT;
  s:STRING;
BEGIN
  s:='10010011001100101111000010100101';
  b:=ValBin(s);
  i:=ValBin(s);
  l:=ValBin(s);
```

```
  WriteLn(b,' / ',i,' / ',l)
END.
```

Siehe auch
Bin, Hex, ValHex

ValHex

Zweck
Wandelt eine hexadezimale Zahl in eine dezimale um.

Struktur

```
FUNCTION ValHex(s:STRING):LONGINT;
```

Bemerkung
Der dem Parameter *s* übergebene String muß einer Zahl im hexadezimalen System entsprechen. Diese wird ins dezimale System umgewandelt.

Es werden nur die ersten 8 Zeichen des Parameters *s* berücksichtigt. Sollten sich außer den Zeichen '0'..'9','A'..'F' noch andere im übergebenen String befinden, werden diese als '0' interpretiert. Die Zeichen 'A' ..'F' können groß oder klein geschrieben werden.

Beispiel

```
PROGRAM ValHex_Test;
USES
  Standard;
VAR
  b:BYTE;
  i:INTEGER;
  l:LONGINT;
  s:STRING;
BEGIN
  s:='ABCDEF';
  b:=ValHex(s);
  i:=ValHex(s);
  l:=ValHex(s);
  Writeln(b,' / ',i,' / ',l)
END.
```

Siehe auch
Bin, Hex, ValBin

Die Unit Sys

Zweck

Stellt verschieden systemnahe Routinen (Stoppuhr, Systemausstattung, Bildschirm-, Tastatur- und Drucker-Routinen) zur Verfügung.

Bemerkung

Die in der Unit *Sys* definierten Funktionen und Prozeduren sind teilweise auf einer sehr tiefen Ebene programmiert (direkte Zugriffe auf gewisse Speicherstellen). Deshalb kann es bei einigen Computer-Systemen (die nicht weitgehend kompatibel zum IBM-PC sind) vorkommen, daß einige Routinen nicht korrekt funktionieren. Ich habe mich jedoch bemüht, die meisten Routinen in der höchst möglichen Programmierebene zu schreiben (DOS vor BIOS, BIOS vor Speicherzugriffen). Folgendes Objekt steht Ihnen in der Unit *Sys* zur Verfügung:

TTimer	Dieses Objekt stellt eine Stoppuhr zur Verfügung
- Init	Initialisiert die Stoppuhr
- StartStop	Startet bzw. stoppt die Stoppuhr
- Lap	Merkt sich die aktuelle Zwischenzeit
- GetRunTime	Ermittelt die Laufzeit der Stoppuhr
- GetLapTime	Ermittelt die Zwischenzeit der Stoppuhr
- Done	Entfernt das Objekt vom Heap, falls dieses dynamisch erzeugt worden ist

Folgende Prozeduren und Funktionen stehen Ihnen in der Unit *Sys* zur Verfügung:

AT	Prüft, ob Sie mit einem IBM AT-Computer (und nicht mit einem IBM PC oder IBM XT) arbeiten
ClearKbd	Löscht den Tastaturpuffer
ClockTicks	Ermittelt den aktuellen Stand des internen Zeit-Zählers
COM	Ermittelt die Anzahl der verfügbaren seriellen Schnittstellen
CPU87	Prüft, ob zur Laufzeit ein mathematischer Coprozessor zur Verfügung steht
Drives	Ermittelt die Anzahl der verfügbaren Laufwerke
FloppyDrives	Ermittelt die Anzahl der verfügbaren Disketten-Laufwerke
FreeKbd	Ermittelt, wieviele Zeichen der Tastaturpuffer noch aufnehmen kann

FreeRam	Ermittelt die Größe des verbleibenden Arbeitsspeichers
GetCursor	Ermittelt die Nummer der oberen und unteren Rasterzeile des Textcursors
GetLapTime	Ermittelt die Zwischenzeit der Stoppuhr
GetRunTime	Ermittelt die Laufzeit der Stoppuhr
GetScrMode	Ermittelt den aktuellen Bildschirmmodus
InitTimer	Initialisiert die Stoppuhr
KeyStatus	Prüft, welche der Umschalttasten (*CTRL*, *ALT* ...) momentan gedrückt werden
LapTimer	Merkt sich die aktuelle Zwischenzeit
LookKbd	Liest das erste Zeichen des Tastaturpuffers, ohne dieses aus dem Puffer zu entfernen
LPT	Ermittelt die Anzahl der verfügbaren parallelen Schnittstellen
LstStatus	Ermittelt den aktuellen Druckerstatus
MaxRam	Liefert die Größe des gesamten Arbeitsspeichers
ProgSize	Liefert die Größe des laufenden Programmes
PrtScr	Druckt den aktuellen Bildschirminhalt aus
PrtScrOff	Desaktiviert die *PrtScr*-Taste
PrtScrOn	Aktiviert die *PrtScr*-Taste
ReadKbd	Liest das erste Zeichen des Tastaturpuffers
SetCursor	Verändert die Größe des Textcursors
SetScrMode	Setzt einen beliebigen Bildschirmmodus
StartStopTimer	Startet bzw. stoppt die Stoppuhr
WriteKbd	Schreibt ein Zeichen in den Tastaturpuffer

Folgende Konstanten sind in der Unit *Sys* definiert und können zusammen mit der Funktion *KeyStatus* verwendet werden:

```
CONST
  RightShift     =   1;  { rechte SHIFT-Taste       }
  LeftShift      =   2;  { linke SHIFT-Taste        }
  CtrlKey        =   4;  { Ctrl-Taste               }
  AltKey         =   8;  { Alt-Taste                }
  ScrollLockMode =  16;  { SCROLL LOCK aktiv        }
  NumLockMode    =  32;  { NUM LOCK aktiv           }
  CapsLockMode   =  64;  { CAPS LOCK aktiv          }
  InsMode        = 128;  { Einfüge-Modus aktiv      }
```

Folgende Konstanten sind in der Unit *Sys* definiert und können zusammen mit der Funktion *LstStatus* verwendet werden:

```
CONST
  LstNotHere     = $02;   { Schnittstelle nicht vorhanden }
  LstAtWork      = $10;   { Drucker arbeitet              }
  LstOff         = $30;   { Drucker ausgeschaltet         }
  LstOffLine     = $80;   { Drucker im OFF-LINE Betrieb   }
  LstReady       = $90;   { Drucker bereit                }
  LstNoPaper     = $A0;   { Drucker ohne Papier           }
```

Folgender Datentyp ist in der Unit *Sys* vordefiniert und kann zusammen mit den Routinen *InitTimer*, *StartStopTimer*, *LapTimer*, *GetRunTime* und *GetLapTime* verwendet werden:

```
TYPE
  watch=RECORD
    run:BOOLEAN;       { TRUE, wenn Stoppuhr läuft }
    start,             { Startzeit                 }
    runtime,           { Laufzeit                  }
    laptime:LONGINT    { Zwischenzeit              }
  END;
```

AT

Zweck
Prüft, ob Sie mit einem IBM AT-Computer (und nicht mit einem IBM PC oder IBM XT) arbeiten.

Struktur

```
FUNCTION AT:BOOLEAN;
```

Bemerkung
Die Funktion *AT* liefert den Wert *TRUE*, wenn das aktuelle Programm auf einem IBM AT (oder kompatiblem Computer) läuft, andernfalls den Wert *FALSE*.

Diese Funktion ist im Zusammenhang mit der direkten Programmierung der Hardware-Bausteine (z.B. Interrupt-Controller, Timer) wichtig, da sich der IBM AT auf dieser tiefen Ebene wesentlich vom IBM PC/XT unterscheidet.

ClearKbd

Zweck
Löscht den Tastaturpuffer.

Struktur

```
PROCEDURE ClearKbd;
```

Bemerkung
Das Betriebssystem stellt einen Tastaturpuffer von 15 Zeichen zur Verfügung, in dem Tastatur-Anschläge zwischengespeichert werden, wenn ein Programm diese nicht unmittelbar einliest.

Die Prozedur *ClearKbd* löscht alle sich im Tastaturpuffer befindenden Einträge.

Beispiel

```
PROGRAM ClearKbd_Test;
USES
  Sys,Crt;

  PROCEDURE Warten;
  VAR
    i:WORD;
  BEGIN
    FOR i:=5 DOWNTO 1 DO BEGIN
      Write(i:1,#8);
      Delay(1000)
    END;
    WriteLn
  END; { Warten }

  PROCEDURE SchauPuffer;
  VAR
    ch:CHAR;
  BEGIN
    IF KeyPressed THEN BEGIN
      Write('Der Tastatur-Puffer enthält folgende Zeichen: ');
      WHILE KeyPressed DO BEGIN
        ch:=ReadKey;
        Write(ch)
      END;
      WriteLn
    END ELSE BEGIN
      WriteLn('Der Tastatur-Puffer ist leer.')
    END
```

```
  END; { SchauPuffer }

BEGIN
  Write('Bitte geben Sie einige Zeichen ein: ');
  Warten;
  WriteLn('Nun wird der Tastatur-Puffer gelöscht.');
  ClearKbd;
  SchauPuffer;
  Write('Bitte geben Sie einige Zeichen ein: ');
  Warten;
  WriteLn('Diesmal wird der Tastatur-Puffer nicht gelöscht.');
  SchauPuffer
END. { ClearKbd_Test }
```

Siehe auch

FreeKbd, KeyStatus, LookKbd, ReadKbd, WriteKbd

ClockTicks

Zweck

Ermittelt den aktuellen Stand des internen Zeit-Zählers.

Struktur

```
FUNCTION ClockTicks:LONGINT;
```

Bemerkung

Die Funktion *ClockTicks* liefert den aktuellen Stand des System-Zeitzählers, der bei jedem eintretenden Interrupt mit der Nummer 8 um Eins erhöht wird. Dieser Interrupt wird rund 18.2 Mal in der Sekunde von einem Oszillator ausgelöst, der mit einer Frequenz von 1 193 180/65 536 Hertz schwingt.

Beim Einschalten des Computersystems wird dieser Zähler auf 0 gesetzt und normalerweise mit Hilfe des DOS-Befehls *TIME* vom Anwender verändert. Der höchste Zählerstand entspricht dem ganzzahligen Wert 1 573 040.

Achtung: Zwischen den beiden Assembler-Befehlen *CLI* (Clear Interrupt Enable Flag) und *STI* (Set Interrupt Enable Flag) bleibt die zur Zeitmessung herangezogene interne Uhr des Computer-Systems stehen. Aus diesem Grund wird ersichtlich, daß die in dieser Unit zur Verfügung gestellte Stoppuhr kein Chronometer ersetzen kann (in vielen Fällen ist das

Nachgehen der Uhr jedoch unbedeutend und kann getrost vernachlässigt werden).

Siehe auch

GetLapTime, GetRunTime, InitTimer, LapTimer, StartStopTimer

COM

Zweck

Ermittelt die Anzahl der verfügbaren seriellen Schnittstellen.

Struktur

```
FUNCTION COM:WORD;
```

Bemerkung

Die Funktion *COM* ermittelt die Anzahl der installierten seriellen Schnittstellen. Die erste serielle Schnittstelle wird mit *AUX* oder *COM1* bezeichnet, die folgenden tragen die Namen *COM2*, *COM3* ...

Folgende Routinen können zusammen mit einer seriellen Schnittstelle verwendet werden:

```
VAR
  COM1:TEXT;

  PROCEDURE OpenCom1(write:BOOLEAN);
    { Öffnet die serielle Schnittstelle. Wenn <write> den Wert TRUE }
    { enthält, wird COM1 für Schreib-Operationen geöffnet, andern-  }
    { falls für Lese-Operationen.                                   }
  BEGIN
    Assign(COM1,'COM1');  { oder: Assign(COM1,'AUX'); }
    IF write THEN Rewrite(COM1) ELSE Reset(COM1)
  END; { OpenCom1 }

  PROCEDURE CloseCom1;
    { Schließt die serielle Schnittstelle }
  BEGIN
    Close(COM1)
  END; { CloseCom1 }

  PROCEDURE ReadCom1(VAR ch:CHAR);
    { Liest ein Zeichen von der seriellen Schnittstelle }
  BEGIN
    Read(COM1,ch)
  END; { ReadCom1 }
```

```
PROCEDURE WriteCom1(ch:CHAR);
  { Schickt ein Zeichen zur seriellen Schnittstelle }
BEGIN
  Write(COM1,ch)
END; { WriteCom1 }
```

Bitte beachten Sie, daß die oben definierte Prozedur *ReadCom1* solange wartet, bis wirklich ein Zeichen gelesen werden kann (*ReadCom1* bleibt also "hängen", wenn keine Daten vorliegen). Folgende Funktionen prüfen, ob Daten von der seriellen Schnittstelle gekommen sind oder ob Daten erfolgreich gesendet werden konnten:

```
USES
  Dos;

  FUNCTION DatenBereit(s:WORD):BOOLEAN;
  VAR
    reg:Registers;
  BEGIN
    reg.AH:=3;
    reg.DX:=s;  { 0=COM1 oder AUX, 1=COM2, 2=COM3 ... }
    Intr($14,reg);
    Datenbereit:=(reg.AH AND 1=1)
  END; { DatenBereit }

  FUNCTION SchreibFehler(s:WORD):BOOLEAN;
  VAR
    reg:Registers;
  BEGIN
    reg.AH:=3;
    reg.DX:=s;  { 0=COM1 oder AUX, 1=COM2, 2=COM3 ... }
    Intr($14,reg);
    SchreibFehler:=(reg.AH AND 128=128)
  END; { SchreibFehler }
```

Weitere Informationen zu diesem komplexen Thema erhalten Sie in einem System-Handbuch (siehe Literaturhinweise am Ende dieses Buches).

Siehe auch

CPU87, Drives, FloppyDrives, LPT

CPU87

Zweck

Prüft, ob zur Laufzeit ein mathematischer Coprozessor zur Verfügung steht.

Struktur

```
FUNCTION CPU87:BOOLEAN;
```

Bemerkung

Die Funktion *CPU87* liefert den Wert *TRUE*, falls Ihr System über einen Coprozessor (8087, 80287 oder 80387) verfügt. Dieser arbeitet mit der CPU zusammen und übernimmt mathematische Funktionen.

Siehe auch

COM, Drives, FloppyDrives, LPT

Drives

Zweck

Ermittelt die Anzahl aller verfügbaren Laufwerke.

Struktur

```
FUNCTION Drives:WORD;
```

Bemerkung

Der von der Funktion *Drives* gelieferte Wert entspricht der Anzahl Laufwerke (Disketten-, Festplatten-Laufwerke, Ram-Disk), die dem Betriebssystem bekannt sind. Mit Hilfe der Funktion *FloppyDrives* können Sie die Anzahl der Disketten-Laufwerke ermitteln.

Beispiel

```
PROGRAM Drives_Test;
USES
  Sys;
BEGIN
  WriteLn('Anzahl Laufwerke: ',Drives);
  WriteLn('Davon sind Disketten-Laufwerke: ',FloppyDrives);
END. { Drives_Test }
```

Siehe auch

COM, CPU87, FloppyDrives, LPT

FloppyDrives

Zweck
Ermittelt die Anzahl der verfügbaren Disketten-Laufwerke.

Struktur

```
FUNCTION FloppyDrives:WORD;
```

Bemerkung
Im Gegensatz zur Funktion *Drives*, die die Anzahl aller verfügbaren Laufwerke ermittelt, kann mit *FloppyDrives* die Anzahl der Disketten-Laufwerke erfragt werden.

Siehe auch
COM, CPU87, Drives, LPT

FreeKbd

Zweck
Ermittelt, wieviele Zeichen der Tastaturpuffer noch aufnehmen kann.

Struktur

```
FUNCTION FreeKbd:BYTE;
```

Bemerkung
Die Funktion *FreeKbd* liefert die Anzahl freier Plätze im Tastaturpuffer. Jedes Zeichen, das von der Tastatur kommt, wird in einen Puffer geschrieben, wenn es nicht unmittelbar von einem Anwendungsprogramm eingelesen wird. Der Tastaturpuffer kann insgesamt 15 Zeichen zwischenspeichern.

Siehe auch
ClearKbd, KeyStatus, LookKbd, ReadKbd, WriteKbd

FreeRam

Zweck
Ermittelt die Größe des verbleibenden Arbeitsspeichers.

Struktur

```
FUNCTION FreeRam:LONGINT;
```

Bemerkung
Der von *FreeRam* ermittelte Wert entspricht dem Speicherplatz (in Bytes), den ein Anwendungsprobramm für weitere Programme freiläßt (die beispielsweise mit der Pascal-Prozedur *Exec* ausgeführt werden können). Falls ein Programm die Größe des Heaps nicht mit dem Compiler-Befehl **M** beschränkt, liefert *FreeRam* den Wert 0.

Um die Größe des Heaps zu bestimmen, verwenden Sie bitte die von Turbo Pascal zur Verfügung gestellte Funktion *MemAvail*.

Beispiel

```
PROGRAM FreeRam_Test;
{$M 2000,0,1000}
USES
  Sys;
BEGIN
  WriteLn('           Größe des Heaps: ',MemAvail);
  WriteLn('   Freier Arbeitsspeicher: ',FreeRam);
  WriteLn('Maximaler Arbeitsspeicher: ',MaxRam);
  WriteLn('             Programmgröße: ',ProgSize)
END. { FreeRam_Test }
```

Siehe auch
MamRam, ProgSize

GetCursor

Zweck
Ermittelt die Nummer der oberen und unteren Rasterzeile des Textcursors.

Struktur

```
PROCEDURE GetCursor(VAR oben,unten:BYTE);
```

Bemerkung

Der Textcursor besteht aus Rasterzeilen, deren Nummern in den Bereichen 0.. 13 (Monochrom-Bildschirm, Hercules) bzw. 0..7 (Farb-Bildschirm: CGA, EGA, VGA ...) liegen. Nach dem Prozeduraufruf von *GetCursor* enthält der Parameter *oben* die Nummer der oberen, *unten* die Nummer der unteren Rasterzeile; alle Rasterzeilen im Bereich *oben..unten* leuchten.

Normalerweise ist *oben<=unten*, wobei die oberste Rasterzeile die Nummer 0 trägt.

Siehe auch

SetCursor

GetLapTime

Zweck

Ermittelt die Zwischenzeit der Stoppuhr.

Struktur

```
FUNCTION GetLapTime(w:watch):REAL;
```

Bemerkung

Die Funktion *GetLapTime* ermittelt die Zwischenzeit (siehe auch *LapTimer*) der Stoppuhr *w*. Der Datentyp *watch* ist wie folgt in der Unit *Sys* vordefiniert:

```
TYPE
  watch=RECORD
    run:BOOLEAN;       { TRUE, wenn Stoppuhr läuft }
    start,             { Startzeit                 }
    runtime,           { Laufzeit                  }
    laptime:LONGINT    { Zwischenzeit              }
  END;
```

Die längste bzw. kürzeste Zeitspanne, die mit einer Stoppuhr gemessen werden kann, beträgt 24 Stunden bzw. 0,1 Sekunden. Weitere Informationen zur Stoppuhr finden Sie bei *InitTimer*.

Siehe auch
ClockTicks, GetRunTime, InitTimer, LapTimer, StartStopTimer

GetRunTime

Zweck
Ermittelt die Laufzeit der Stoppuhr.

Struktur

```
FUNCTION GetRunTime(w:watch):REAL;
```

Bemerkung
Die Funktion *GetRunTime* liefert die aktuelle Laufzeit der Stoppuhr *w*. Der Datentyp *watch* ist wie folgt in der Unit *Sys* vordefiniert:

```
TYPE
  watch=RECORD
    run:BOOLEAN;      { TRUE, wenn Stoppuhr läuft }
    start,            { Startzeit                 }
    runtime,          { Laufzeit                  }
    laptime:LONGINT   { Zwischenzeit              }
  END;
```

Die längste bzw. kürzeste Zeitspanne, die mit einer Stoppuhr gemessen werden kann, beträgt 24 Stunden bzw. 0,1 Sekunden. Weitere Informationen zur Stoppuhr finden Sie bei *InitTimer*.

Siehe auch
ClockTicks, GetLapTime, InitTimer, LapTimer, StartStopTimer

GetScrMode

Zweck
Ermittelt den aktuellen Bildschirmmodus.

Struktur

```
PROCEDURE GetScrMode(VAR mode:BYTE);
```

Bemerkung

Die Prozedur *GetScrMode* ermittelt den aktuellen Bildschirmmodus. Der Parameter *mode* enthält nach dem Prozeduraufruf den aktuellen Bildschirmmodus (Graphik- oder Text-Modus). Neben anderen Werten sind für *mode* folgende denkbar:

0 Text, schwarz-weiß, 40x25 Zeichen (CGA)
1 Text, 16 Farben, 40x25 Zeichen (CGA)
2 Text, schwarz-weiß, 80x25 Zeichen (CGA)
3 Text, 16 Farben, 80x25 Zeichen (CGA)
4 Graphik, 4 Farben, 320x200 Punkte (CGA)
5 Graphik, 4 Grautöne, 320x200 Punkte (CGA)
6 Graphik, schwarz-weiß, 640x200 Punkte (CGA)
7 Text, schwarz-weiß, 80x25 Zeichen (Monochrom-Bildschirm, Hercules)
14 Graphik, 16 Farben, 640x200 Punkte (EGA)
15 Graphik, 2 Farben, 640x350 Punkte (EGA)
16 Graphik, 4 oder 16 Farben (abhängig vom verfügbaren Speicher), 640x350 Punkte (EGA)
17 Graphik, 2 Farben, 640x480 Punkte (VGA)
18 Graphik, 16 Farben, 640x480 Punkte (VGA)
19 Graphik, 256 Farben, 320x200 Punkte (VGA)
64 Graphik, 2 Farben, 640x400 Punkte (Olivetti und AT&T)

Siehe auch

SetScrMode

InitTimer

Zweck

Initialisiert die Stoppuhr.

Struktur

```
PROCEDURE InitTimer(VAR w:watch);
```

Bemerkung

Die Prozedur *InitTimer* initialisiert den Parameter *w*, der die Daten zur Zeitmessung enthält und von den Stoppuhr-Routinen *LapTimer*, *Start-*

StopTimer, *GetLapTime* und *GetRunTime* benötigt wird. Der Datentyp *watch* ist wie folgt in der Unit *Sys* vordefiniert:

```
TYPE
  watch=RECORD
    run:BOOLEAN;      { TRUE, wenn Stoppuhr läuft }
    start,            { Startzeit                 }
    runtime,          { Laufzeit                  }
    laptime:LONGINT   { Zwischenzeit              }
  END;
```

Stellen Sie sich die in dieser Unit zur Verfügung gestellte Stoppuhr wie folgt vor:

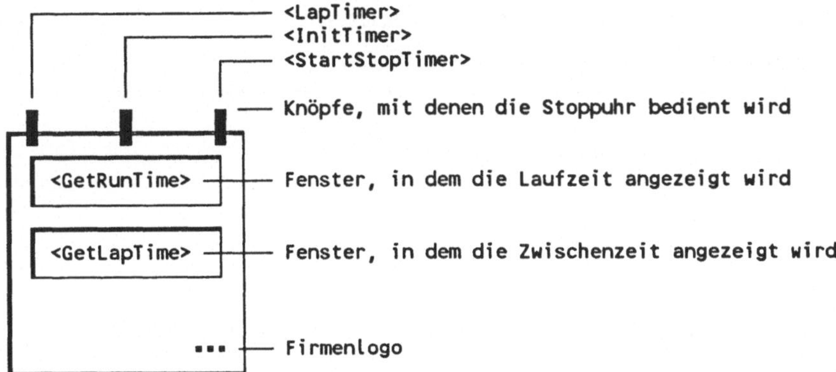

Die Stoppuhr wird mit drei Knöpfen bedient: *InitTimer* initialisiert die Stoppuhr (stoppt die Uhr, setzt die Laufzeit und die Zwischenzeit auf 0), *StartStopTimer* startet bzw. stoppt die Uhr, *LapTimer* schließlich merkt sich die momentane Laufzeit als Zwischenzeit. Die Laufzeit läßt sich mit *GetRunTime*, die Zwischenzeit mit *GetLapTime* ermitteln.

Es können mehrere Stoppuhren in demselben Programm verwendet werden; sie alle dürfen außerdem bei Bedarf gleichzeitig laufen:

```
USES
  Sys,Crt;
VAR
  w1,w2:watch;
BEGIN
  InitTimer(w1);
  InitTimer(w2);  { oder: w1:=w2; }
  StartStopTimer(w1);  { 1. Stoppuhr starten }
  Delay(1000);
  StartStopTimer(w2);  { 2. Stoppuhr starten }
```

Die längste bzw. kürzeste Zeitspanne, die mit einer Stoppuhr gemessen werden kann, beträgt 24 Stunden bzw. 0,1 Sekunden.

Achtung: Zwischen den beiden Assembler-Befehlen *CLI* (Clear Interrupt Enable Flag) und *STI* (Set Interrupt Enable Flag) bleibt die zur Zeitmessung herangezogene interne Uhr des Computer-Systems stehen. Aus diesem Grund wird ersichtlich, daß die in dieser Unit zur Verfügung gestellte Stoppuhr kein Chronometer ersetzen kann (in vielen Fällen ist das Nachgehen der Uhr jedoch unbedeutend und kann getrost vernachlässigt werden).

Beispiel

Folgendes Programm demonstriert eindrucksvoll, daß der "Bubble-Sort" bei großen Datenbeständen unbrauchbar ist.

```
PROGRAM InitTimer_Test;
USES
  Sys,Crt;
CONST
  max=2048;
VAR
  feld:ARRAY [1..max] OF WORD;
  anz:WORD;
  w:watch;

  PROCEDURE Erzeuge(anz:WORD);
  VAR
    i:WORD;
  BEGIN
    FOR i:=1 TO anz DO feld[i]:=i
  END; { Erzeuge }

  PROCEDURE Mische(anz:WORD);
  VAR
    i,nr,hilf:WORD;
  BEGIN
    Randomize;
    FOR i:=1 TO anz DO BEGIN
      nr:=Random(anz)+1;
      hilf:=feld[i];
      feld[i]:=feld[nr];
      feld[nr]:=hilf
    END
  END; { Mische }

  PROCEDURE BubbleSort(anz:WORD);
  VAR
    i,j,hilf:WORD;
```

```
  BEGIN
    FOR i:=1 TO anz-1 DO BEGIN
      IF KeyPressed THEN HALT;
      FOR j:=i+1 TO anz DO BEGIN
        IF feld[i]>feld[j] THEN BEGIN
          hilf:=feld[i];
          feld[i]:=feld[j];
          feld[j]:=hilf
        END
      END
    END
  END; { BubbleSort }

BEGIN
  anz:=1;
  WriteLn('BubbleSort-Test (Abbruch mit jeder Taste)');
  WriteLn;
  REPEAT
    anz:=anz*2;
    Erzeuge(anz);
    Mische(anz);
    InitTimer(w);
    StartStopTimer(w);
    Write(anz:5,' Elemente');
    BubbleSort(anz);
    StartStopTimer(w);
    WriteLn(', Sortierzeit: ',GetRunTime(w):1:1,' Sekunden');
  UNTIL anz>=max
END. { InitTimer_Test }
```

Siehe auch

ClockTicks, GetLapTime, GetRunTime, LapTimer, StartStopTimer

KeyStatus

Zweck

Prüft, welche der Umschalttasten (*CTRL*, *ALT* ...) momentan gedrückt werden.

Struktur

```
FUNCTION KeyStatus:WORD;
```

Bemerkung

Die Funktion *KeyStatus* prüft, welche der Umschalttasten momentan gedrückt werden oder aktiv sind.

Der IBM-PC kennt einige Umschalttasten (*SHIFT*, *ALT*, *CTRL* ...), die bei gedrücktem Zustand die Bedeutung vieler Tasten verändern; sie verlieren ihre Wirkung wieder, sobald sie losgelassen werden. Andere Umschalttasten (*NumLock*, *CapsLock* ...) wählen beim ersten Tastendruck einen bestimmten Tastatur-Modus (z.B. sollen alle Buchstaben groß geschrieben werden), der erst durch einen zweiten Tastendruck aufgehoben wird.

Folgende Konstanten sind in der Unit *Sys* definiert und können zusammen mit der Funktion *KeyStatus* verwendet werden:

```
CONST
  RightShift     =   1;   { rechte SHIFT-Taste          }
  LeftShift      =   2;   { linke SHIFT-Taste           }
  CtrlKey        =   4;   { Ctrl-Taste                  }
  AltKey         =   8;   { Alt-Taste                   }
  ScrollLockMode =  16;   { SCROLL LOCK aktiv           }
  NumLockMode    =  32;   { NUM LOCK aktiv              }
  CapsLockMode   =  64;   { CAPS LOCK aktiv             }
  InsMode        = 128;   { Einfüge-Modus aktiv         }
```

Folgende Programmanweisung prüft, ob die *ALT*-Taste gedrückt wird:

```
IF KeyStatus AND AltKey=AltKey THEN
  WriteLn('ALT-Taste wird gedrückt.');
```

Wenn Sie prüfen wollen, ob mehrere Umschalttasten gedrückt werden, gehen Sie wie folgt vor:

```
IF KeyStatus AND (CtrlKey+AltKey)=(CtrlKey+AltKey) THEN
  WriteLn('CTRL- und ALT-Taste werden gedrückt.');
```

Beispiel

Folgendes Programm zeigt Ihnen, welche der Umschalttasten gedrückt werden bzw. aktiv sind:

```
PROGRAM KeyStatus_Test;
USES
  Sys,Crt;
VAR
  ch:CHAR;
  i,c:WORD;
BEGIN
  ClrScr;
  GotoXY(1,25);
  Write('Ende mit <ESC> ...');
  ch:=#0;
  REPEAT
    FOR i:=0 TO 7 DO BEGIN
```

```
      c:=1 SHL i;
      IF NOT (KeyStatus AND c=c) THEN c:=MaxInt;
      GotoXY(1,i+1);
      CASE c OF
        RightShift     : Write('SHIFT rechts');
        LeftShift      : Write('SHIFT links');
        CtrlKey        : Write('Ctrl-Taste');
        AltKey         : Write('Alt-Taste');
        ScrollLockMode : Write('ScrollLock-Modus');
        NumLockMode    : Write('NumLock-Modus');
        CapsLockMode   : Write('CapsLock-Modus');
        InsMode        : Write('Einfüge-Modus');
      ELSE
        ClrEol
      END
    END;
    IF KeyPressed THEN ch:=ReadKey
  UNTIL ch=#27
END. { KeyStatus_Test }
```

Siehe auch

LstStatus

LapTimer

Zweck

Merkt sich die aktuelle Zwischenzeit.

Struktur

```
PROCEDURE LapTimer(VAR w:watch);
```

Bemerkung

Die Prozedur *LapTimer* merkt sich die aktuelle Laufzeit einer Stoppuhr als Zwischenzeit; die Daten der Stoppuhr sind dabei in *w* gespeichert. Der Datentyp *watch* ist wie folgt in der Unit *Sys* vordefiniert:

```
TYPE
  watch=RECORD
    run:BOOLEAN;      { TRUE, wenn Stoppuhr läuft }
    start,            { Startzeit                 }
    runtime,          { Laufzeit                  }
    laptime:LONGINT   { Zwischenzeit              }
  END;
```

Bitte beachten Sie, daß *LapTimer* keine Wirkung zeigt, wenn die Stoppuhr *w* nicht läuft (*w.run* enthält in diesem Fall den Wert *FALSE*). Weitere Informationen zur Stoppuhr finden Sie bei *InitTimer*.

Siehe auch
ClockTicks, GetLapTime, GetRunTime, InitTimer, StartStopTimer

LookKbd

Zweck
Liest das erste Zeichen des Tastaturpuffers, ohne dieses aus dem Puffer zu entfernen.

Struktur

```
PROCEDURE LookKbd(VAR key:WORD);
```

Bemerkung
Das Computer-System verfügt über einen Tastaturpuffer von 32 Bytes, der 15 Zeichen zwischenspeichern kann. Jedes Zeichen besteht aus einem ASCII- und Scan-Code. Der Scan-Code bezeichnet den Ort einer Taste, somit liefern zwei Tasten mit demselben Zeichen verschiedene Scan-Codes (so ist z.B. die Minus-Taste zwei Mal vorhanden). Einige Programme nützen die besondere Lage einzelner Tasten aus (Norton Commander, Framework, MS-Word ...), so daß beispielsweise die beiden Minus-Tasten verschiedene Wirkungen zeigen.

Der Scan-Code einer Taste bleibt immer gleich, auch dann, wenn Sie die *SHIFT*-, *ALT*- oder *CTRL*-Taste gedrückt halten; einzig der ASCII-Code einer Taste verändert sich.

Die Prozedur *LookKbd* liest das logisch erste Zeichen des Tastatur-Puffers, ohne es jedoch zu entfernen. Der Parameter *key* enthält sowohl den Scan- als auch den ASCII-Code des gelesenen Zeichens. Scan- und ASCII-Code lassen sich jedoch leicht wie folgt ermitteln:

```
USES
  Sys,Crt;
VAR
  key:WORD;
  scan,ascii:WORD;
BEGIN
  REPEAT UNTIL KeyPressed;
  LookKbd(key);
```

```
scan:=key DIV 256;
ascii:=key MOD 256;
WriteLn('Scan: ',scan,' Ascii: ',ascii);
```

Falls sich kein Eintrag im Tastaturpuffer befindet, enthält *key* nach dem Prozeduraufruf den Wert 0.

Bei den Funktions- und Cursor-Tasten ist der ASCII-Code immer 0, der Scan-Code hingegen kann genau einer einzigen Taste zugeordnet werden. Zeichen, die Sie mit Hilfe der *ALT*-Taste und dem Ziffernblock eingegeben haben, erhalten den Scan-Code 0. Im Anhang D finden Sie eine Tabelle, die die einzelnen ASCII- und Scan-Codes aufführt.

Siehe auch

ClearKbd, FreeKbd, KeyStatus, ReadKbd, WriteKbd

LPT

Zweck

Ermittelt die Anzahl der verfügbaren parallelen Schnittstellen.

Struktur

```
FUNCTION LPT:WORD;
```

Bemerkung

Die Funktion *LPT* ermittelt die Anzahl der verfügbaren parallelen Schnittstellen. Diese werden mit *LPT1*, *LPT2* ... bezeichnet und typischerweise für Drukker verwendet.

Turbo Pascal definiert in der Unit *Printer* die Variable *LST*, mit deren Hilfe *LPT1* direkt angesprochen werden kann:

```
USES
  Printer;
VAR
  zeile:STRING;
BEGIN
  zeile:='Hallo';
  WriteLn(LST,zeile);  { schreiben }
```

Folgendes Programm-Fragment zeigt, wie eine weitere parallele Schnittstelle angesprochen werden kann:

```
VAR
  LPT2:TEXT;
  zeile:STRING;
```

```
BEGIN
  Assign(LPT2,'LPT2');
  Rewrite(LPT2);          { Öffnen für Schreiben }
  Write(LPT2,zeile);
```

Mit der Funktion *LstStatus* läßt sich prüfen, ob ein Drucker für die Datenaufnahme bereit ist.

Siehe auch
COM, CPU87, Drives, FloppyDrives

LstStatus

Zweck
Ermittelt den aktuellen Druckerstatus.

Struktur

```
FUNCTION LstStatus(nr:BYTE):WORD;
```

Bemerkung
Ein Drucker, der zweifellos zu den langsameren Komponenten eines Computer-Systems gehört, bremst oft den Ablauf eines Programmes. Dies geschieht beispielsweise dann, wenn ein Programm versucht, Daten zum Drucker zu schikken, obwohl dieser nicht eingeschaltet ist oder noch arbeitet.

Die Funktion *LstStatus* prüft den Zustand eines Druckers, wobei *nr* eine Schnittstelle bezeichnet (0 für *LPT1*, 1 für *LPT2* ...). Folgende Konstanten sind in der Unit *Sys* definiert und können zusammen mit der Funktion *LstStatus* verwendet werden:

```
CONST
  LstNotHere    = $02;   { Schnittstelle nicht vorhanden }
  LstAtWork     = $10;   { Drucker arbeitet              }
  LstOff        = $30;   { Drucker ausgeschaltet         }
  LstOffLine    = $80;   { Drucker im OFF-LINE Betrieb   }
  LstReady      = $90;   { Drucker bereit                }
  LstNoPaper    = $A0;   { Drucker ohne Papier           }
```

Mit der folgenden Programmanweisung können Sie prüfen, ob der Drukker an *LPT1* betriebsbereit ist:

```
USES
  Sys;
```

```
  BEGIN
    IF LstStatus(0)=LstReady THEN Write('Drucker bereit.')
```

Beispiel

Dieses Programm prüft den aktuellen Status des Druckers an der Schnittstelle *LPT1*:

```
PROGRAM LstStatus_Test1;
USES
  Sys,Crt;
VAR
  ch:CHAR;
BEGIN
  ClrScr;
  GotoXY(1,25);
  Write('Ende mit <ESC> ...');
  ch:=#0;
  REPEAT
    GotoXY(1,1);
    CASE Sys.LstStatus(0) OF
      LstNotHere : Write('Druckerschnittstelle LPT1 fehlt');
      LstAtWork  : Write('Drucker bei der Arbeit');
      LstOff     : Write('Drucker ist ausgeschaltet');
      LstOffLine : Write('Drucker im OFF-LINE Betrieb');
      LstReady   : Write('Drucker ist bereit');
      LstNoPaper : Write('Drucker ohne Papier');
    ELSE
      Write('Unbekannter Zustand: ',LstStatus(0));
    END;
    ClrEol;
    IF KeyPressed THEN ch:=ReadKey
  UNTIL ch=#27
END. { LstStatus_Test1 }
```

Folgendes Programm druckt eine Datei aus und berechnet gleichzeitig Primzahlen:

```
PROGRAM LstStatus_Test2;
USES
  Sys,Printer,Crt;
VAR
  s:STRING;
  f:TEXT;
  z:LONGINT;

  PROCEDURE ZeichenAusgabe(VAR f:TEXT);
  VAR
    ch:CHAR;
  BEGIN
```

```
    IF (LstStatus(0)=LstReady) AND NOT Eof(f) THEN BEGIN
      Read(f,ch);
      Write(LST,ch)
    END
  END; { ZeichenAusgabe }

  FUNCTION Prim(z:LONGINT; VAR f:TEXT):BOOLEAN;
  VAR
    q,i:LONGINT;
  BEGIN
    q:=Trunc(Sqrt(z));
    i:=3;
    REPEAT
      ZeichenAusgabe(f);
      IF z MOD i=0 THEN BEGIN Prim:=FALSE; Exit END;
      Inc(i,2)
    UNTIL i>q;
    Prim:=TRUE
  END; { Prim }

BEGIN
  Write('Dateiname: '); ReadLn(s);
  Assign(f,s); Reset(f);
  z:=3;
  REPEAT
    IF Prim(z,f) THEN Write(z:8);
    Inc(z,2)
  UNTIL KeyPressed;
  Close(f)
END. { LstStatus_Test2 }
```

Siehe auch
KeyStatus, PrtScr

MaxRam

Zweck
Liefert die Größe des gesamten Arbeitsspeichers.

Struktur

```
FUNCTION MaxRam:LONGINT;
```

Bemerkung
Die Funktion *MaxRam* ermittelt die Größe des Hauptspeichers in Bytes.

Siehe auch
ProgSize

ProgSize

Zweck
Liefert die Größe des laufenden Programmes.

Struktur

```
FUNCTION ProgSize:LONGINT;
```

Bemerkung
Der von der Funktion *ProgSize* ermittelte Wert umfaßt den Speicherbedarf (in Bytes) der Ablaufumgebung, des Programmvorspanns (PSP, immer 256 Bytes), des Programm-Codes, der Daten, des Stacks und des Heaps. Der Stack und der Heap eines Programmes lassen sich mit dem Compiler-Befehl **M** verändern.

Siehe auch
MaxRam

PrtScr

Zweck
Druckt den aktuellen Bildschirminhalt aus.

Struktur

```
PROCEDURE PrtScr;
```

Bemerkung
Die Prozedur *PrtScr* druckt den Bildschirminhalt aus; sie prüft nicht, ob ein Drucker an *LPT1* angeschlossen ist. Wollen Sie keinen Programmunterbruch riskieren, prüfen Sie zu diesem Zweck mit der Funktion *LstStatus* die Bereitschaft des Druckers:

```
IF LstStatus(0)=LstReady THEN PrtScr;
```

PrtScr druckt auch dann den Bildschirminhalt aus, wenn zuvor die Prozedur *PrtScrOff* aufgerufen worden ist.

Wenn Sie eine Graphik ausdrucken wollen, muß das Programm *GRAPHICS.COM* (Bestandteil des Betriebssystems) zuvor ausgeführt worden sein.

Siehe auch
LstStatus, PrtScrOff, PrtScrOn

PrtScrOff

Zweck
Desaktiviert die *PrtScr*-Taste.

Struktur

```
PROCEDURE PrtScrOff;
```

Bemerkung
Die Prozedur *PrtScrOff* desaktiviert die *PrtScr*-Taste und verhindert auf diese Weise, daß der Bildschirminhalt von einem Benutzer ausgedruckt werden kann. Am Ende eines Programmes wird die Prozedur *PrtScrOn* selbständig ausgeführt.

Beispiel

```
PROGRAM PrtScrOff_Test;
USES
  Sys,Crt;
VAR
  ch:CHAR;
BEGIN
  PrtScrOff;
  WriteLn('Jetzt ist die Taste <PrtScr> wirkungslos.');
  WriteLn('Bitte ausprobieren. - Weiter mit RETURN ...');
  ch:=ReadKey;
  Sys.PrtScrOn;
  WriteLn;
  WriteLn('Nun druckt die <PrtScr>-Taste wieder den Bild-');
  WriteLn('schirm-Inhalt aus. Weiter mit RETURN ...');
  ch:=ReadKey
END. { PrtScrOff_Test }
```

Siehe auch
PrtScr, PrtScrOn

PrtScrOn

Zweck
Aktiviert die *PrtScr*-Taste.

Struktur

```
PROCEDURE PrtScrOn;
```

Bemerkung
Die Prozedur *PrtScrOn* aktiviert die *PrtScr*-Taste und wird am Ende jedes Programmes selbständig aufgerufen.

Siehe auch
PrtScr, PrtScrOff

ReadKbd

Zweck
Liest das erste Zeichen des Tastaturpuffers.

Struktur

```
PROCEDURE ReadKbd(VAR key:WORD);
```

Bemerkung
Die Prozedur *ReadKbd* entfernt den logisch ersten Eintrag aus dem Tastatur-Puffer und stellt diesen zur Verfügung. Der Unterschied zur Pascal-Prozedur *ReadKey* besteht darin, daß *ReadKbd* zu jeder Taste immer zwei Codes ermittelt (den Scan- und den ASCII-Code). Falls sich kein Zeichen im Tastatur-Puffer befindet, enthält der Parameter *key* den Wert 0 (weitere Informationen erhalten Sie bei *LookKbd*).

Beispiel

```
PROGRAM ReadKbd_Test;
USES
  Sys,Crt;
VAR
  k,ascii,scan:WORD;
BEGIN
  k:=0;
  REPEAT
```

```
    IF KeyPressed THEN BEGIN
      ReadKbd(k);
      ascii:=k MOD 256;
      scan:=k DIV 256;
      Write('Scan-Code: ',scan,' ASCII-Code: ',ascii);
      IF ascii>31 THEN Write(' Zeichen: ',CHR(ascii));
      WriteLn
    END
  UNTIL ascii=27  { Ende mit <ESC>-Taste }
END. { ReadKbd_Test }
```

Siehe auch
ClearKbd, FreeKbd, KeyStatus, LookKbd, WriteKbd

SetCursor

Zweck
Verändert die Größe des Textcursors.

Struktur

```
PROCEDURE SetCursor(oben,unten:BYTE);
```

Bemerkung
Der Textcursor besteht aus Rasterzeilen, deren Nummern in den Bereichen 0.. 13 (Monochrom-Karte, Hercules) bzw. 0..7 (Farbkarten: CGA, EGA, VGA ...) liegen. Die Prozedur *SetCursor* verändert das Aussehen des Text-Cursors, wobei alle Rasterzeilen im Bereich *oben..unten* leuchten. Normalerweise ist *oben* <= *unten*; die oberste Rasterzeile trägt die Nummer 0.

Mit folgender Funktion läßt sich die Nummer der letzten Rasterzeile feststellen:

```
FUNCTION LetzteRasterzeile:BYTE;
VAR
  mode:BYTE;
BEGIN
  GetScrMode(mode);
  IF mode=7 THEN LetzteRasterzeile:=13 ELSE LetzteRasterzeile:=7
END; { LetzteRasterzeile }
```

Siehe auch
GetCursor

SetScrMode

Zweck
Setzt einen beliebigen Bildschirmmodus.

Struktur

```
PROCEDURE SetScrMode(mode:BYTE);
```

Bemerkung
Die Prozedur *SetScrMode* wählt einen beliebigen Bildschirmmodus (Graphik- oder Text-Modus möglich), wobei der Parameter *mode* den zu wählenden Modus bezeichnet. Neben anderen Werten sind für *mode* folgende denkbar:

0 Text, schwarz-weiß, 40x25 Zeichen (CGA)
1 Text, 16 Farben, 40x25 Zeichen (CGA)
2 Text, schwarz-weiß, 80x25 Zeichen (CGA)
3 Text, 16 Farben, 80x25 Zeichen (CGA)
4 Graphik, 4 Farben, 320x200 Punkte (CGA)
5 Graphik, 4 Grautöne, 320x200 Punkte (CGA)
6 Graphik, schwarz-weiß, 640x200 Punkte (CGA)
7 Text, schwarz-weiß, 80x25 Zeichen (Monochrom-Bildschirm, Hercules)
14 Graphik, 16 Farben, 640x200 Punkte (EGA)
15 Graphik, 2 Farben, 640x350 Punkte (EGA)
16 Graphik, 4 oder 16 Farben (abhängig vom verfügbaren Speicher), 640x350 Punkte (EGA)
17 Graphik, 2 Farben, 640x480 Punkte (VGA)
18 Graphik, 16 Farben, 640x480 Punkte (VGA)
19 Graphik, 256 Farben, 320x200 Punkte (VGA)
64 Graphik, 2 Farben, 640x400 Punkte (Olivetti und AT&T)

Siehe auch
GetScrMode

StartStopTimer

Zweck
Startet bzw. stoppt die Stoppuhr.

Struktur

```
PROCEDURE StartStopTimer(VAR w:watch);
```

Bemerkung

Die Prozedur *StartStopTimer* startet eine stehende bzw. stoppt eine laufende Stoppuhr, deren Daten im Parameter *w* enthalten sind. Der Datentyp *watch* ist wie folgt in der Unit *Sys* vordefiniert:

```
TYPE
  watch=RECORD
    run:BOOLEAN;      { TRUE, wenn Stoppuhr läuft }
    start,            { Startzeit               }
    runtime,          { Laufzeit                }
    laptime:LONGINT   { Zwischenzeit            }
  END;
```

Bevor eine Stoppuhr verwendet wird, sollte sie mit *InitTimer* initialisiert werden (weitere Informationen zur Stoppuhr bei *InitTimer*).

Beispiel

Folgendes Programm simuliert einen 20cm-Lauf mit 24 Teilnehmern und ermittelt für jeden die benötigte Zeit.

```
PROGRAM StartStopTimer_Test;
USES
  Sys,Crt;
VAR
  t:ARRAY [1..24] OF WORD;
  nr,imziel,i:WORD;
  w:Sys.watch;
BEGIN
  Randomize;
  ClrScr;
  FOR i:=1 TO 24 DO BEGIN
    t[i]:=1;
    WriteLn(CHR(i+64))
  END;
  InitTimer(w);
  StartStopTimer(w);
  imziel:=0;
  REPEAT
    GotoXY(1,25);
    Write(GetRunTime(w):3:1);
    nr:=Random(24)+1;
    IF t[nr]<79 THEN BEGIN
      Inc(t[nr]);
      GotoXY(t[nr],nr);
      Write(CHR(nr+64))
```

```
    END ELSE IF t[nr]<255 THEN BEGIN
      t[nr]:=255;
      Inc(imziel);
      GotoXY(1,nr);
      Write(imziel:2,': ',GetRunTime(w):3:1,' ');
    END;
    Delay(10);
  UNTIL imziel>=24
END. { StartStopTimer_Test }
```

Siehe auch

ClockTicks, GetLapTime, GetRunTime, InitTimer, LapTimer

TTimer

Zweck

Stellt eine Stoppuhr mit den wichtigsten Funktionen zur Verfügung.

Struktur

```
TYPE
  PTimer=^TTimer;
  TTimer=OBJECT
    CONSTRUCTOR Init;
    PROCEDURE StartStop; VIRTUAL;
    PROCEDURE Lap; VIRTUAL;
    FUNCTION GetRunTime:REAL; VIRTUAL;
    FUNCTION GetLapTime:REAL; VIRTUAL;
    DESTRUCTOR Done; VIRTUAL;
  END;
```

Bemerkung

Das Objetkt *TTimer* stellt eine Stoppuhr zur Verfügung, wobei eine Stoppuhr auch mit den Prozeduren und Funktionen *InitTimer*, *StartStop-Timer*, *LapTimer*, *GetRunTime* und *GetLapTime* gesteuert werden kann (siehe Erläuterungen dort).

Beispiel

Folgendes Programm zeigt auf dem Bildschirm zwei Stoppuhren an, die mit Hilfe der Tastatur gesteuert werden können.

```
PROGRAM TTimer;
USES
  Crt,Sys;
```

```
TYPE
  PNewTimer=^TNewTimer;
  TNewTimer=OBJECT(Sys.TTimer)
    xpos,ypos:BYTE;
    CONSTRUCTOR Init(x,y:BYTE);
    PROCEDURE Reset;
    PROCEDURE ShowValues(inv:BOOLEAN);
  END;

  CONSTRUCTOR TNewTimer.Init(x,y:BYTE);
  VAR
    i,j:INTEGER;
  BEGIN
    Sys.TTimer.Init;
    xpos:=x; ypos:=y;
    GotoXY(x,y+0);Write('┌── Stoppuhr ──┐');
    GotoXY(x,y+1);Write('│              │');
    GotoXY(x,y+2);Write('│ Zeit:        │');
    GotoXY(x,y+3);Write('│  Lap:        │');
    GotoXY(x,y+4);Write('├──────────────┤');
    GotoXY(x,y+5);Write('│  Start/Stop ─┼▪ S');
    GotoXY(x,y+6);Write('│         Lap ─┼▪ L');
    GotoXY(x,y+7);Write('│       Reset ─┼▪ R');
    GotoXY(x,y+8);Write('└──────────────┘');
    ShowValues(FALSE)
  END; { TNewTimer.Init }

  PROCEDURE TNewTimer.Reset;
  BEGIN
    Sys.TTimer.Init
  END; { TNewTimer.Reset }

  PROCEDURE TNewTimer.ShowValues(inv:BOOLEAN);
  BEGIN
    IF inv THEN BEGIN TextColor(Black); TextBackground(LightGray) END;
    GotoXY(xpos+8,ypos+2); Write(GetRunTime:6:2);
    GotoXY(xpos+8,ypos+3); Write(GetLapTime:6:2);
    IF inv THEN BEGIN TextColor(LightGray); TextBackground(Black) END;
  END; { TNewTimer.ShowValues }

VAR
  t1,t2,now:PNewTimer;
  ch:CHAR;
  t1inf,t2inf:BOOLEAN;
BEGIN
  ClrScr;
  New(t1,Init(1,1));
  New(t2,Init(41,1));
  GotoXY(1,25); Write('Stoppuhr wechseln mit <Space>, Ende mit <ESC> ...');
  now:=t1; t1inf:=TRUE; t2inf:=FALSE;
  REPEAT
```

```
    ch:=#0;
    t1^.ShowValues(t1inf);
    t2^.ShowValues(t2inf);
    IF KeyPressed THEN ch:=ReadKey;
    CASE UpCase(ch) OF
      'S': now^.StartStop;
      'L': now^.Lap;
      'R': now^.Reset;
      ' ': BEGIN
             IF now=t1 THEN now:=t2 ELSE now:=t1;
             t1inf:=NOT t1inf; t2inf:=NOT t2inf;
           END;
    END;
  UNTIL ch=#27;
  Dispose(t1,Done);  { Heap wieder ... }
  Dispose(t2,Done);  { ... freigeben.  }
END. { TTimer }
```

Siehe auch

GetLapTime, GetRunTime, InitTimer, LapTimer, StartStopTimer

WriteKbd

Zweck

Schreibt ein Zeichen in den Tastaturpuffer.

Struktur

```
PROCEDURE WriteKbd(key:WORD);
```

Bemerkung

Die Prozedur *WriteKbd* fügt einen Eintrag in den Tastaturpuffer ein und erklärt diesen als logisch letzten. Dieser Eintrag kann mit den Routinen *ReadKey* (Turbo Pascal-Funktion), *LookKbd* oder *ReadKbd* zu einem späteren Zeitpunkt wieder gelesen werden.

Falls der Tastaturpuffer keinen weiteren Eintrag mehr aufnehmen kann (die Funktion *FreeKbd* liefert den Wert 0), zeigt *WriteKbd* keine Wirkung.

Jeder Eintrag im Puffer besteht aus zwei Bytes, dem Scan- (höherwertiges Byte von *key*) und dem ASCII-Code (niederwertiges Byte von *key*); der Scan-Code kann in den meisten Fällen vernachlässigt werden (außer bei Funktions- und Cursor-Tasten). Weitere Informationen finden Sie bei *LookKbd*.

Beispiel

Folgendes Programm füllt den Tastaturpuffer und liest dann seinen Inhalt:

```
PROGRAM WriteKbd_Test;
USES
  Sys,Crt;
VAR
  i,key:WORD;
  ch:CHAR;
BEGIN
  Randomize;
  FOR i:=1 TO 15 DO WriteKbd(Random(26)+65);
  Write('Folgende Zeichen befinden sich im Puffer: ');
  WHILE KeyPressed DO BEGIN
    ch:=ReadKey; Write(ch)
  END;
  WriteLn
END. { WriteKbd_Test }
```

Siehe auch

ClearKbd, FreeKbd, KeyStatus, LookKbd, ReadKbd

Die Unit Txt

Zweck

Ermöglicht das Aufbauen von dynamischen Textstrukturen (wie sie von Editoren verwendet werden).

Bemerkung

Das in dieser Unit zur Verfügung gestellte Objekt *TText* baut mit seinen Methoden komplexe Textstrukturen auf. Jeder Text (beliebige Anzahl voneinander unabhängiger Texte möglich) besteht aus Zeilen (Anzahl nur vom Hauptspeicher beschränkt), jede Zeile darf maximal 255 Zeichen enthalten. Jeder Text speichert folgende Daten:

- Speicheradresse der 1. und letzten Zeile
- Speicheradresse der aktuellen Zeile
- Speicheradresse einer beliebigen Zeile (siehe *TText.MarkLine*)
- Zeilennummer der letzen, der aktuellen und der markierten Zeile
- Einen *WORD*-Wert für beliebige Zwecke

Eine einzelne Zeile enthält folgende Daten:

- Adresse der vorherigen und der nächsten Zeile
- Adresse einer Zeichenkette (sie stellt den Text einer Zeile dar)
- Die Länge der gespeicherten Zeichenkette
- Ein Attribut (16 Bits), das einer Zeile gewisse Eigenschaften zuordnen kann (z.B. Zeile ist markiert ...)
- Einen *WORD*-Wert, über den der Programmierer frei verfügen kann

Es besteht also die Möglichkeit, mehrere Texte zu generieren. Jeder Text enthält eine bestimmte Anzahl von Zeilen. Jede Zeile wiederum gehört nur zu einem einzigen Text.

Demoprogramm: Auf einer der beiliegenden Disketten finden Sie im Directory *DEMO* den Full-Screen-Editor *MINIEDIT.PAS* (siehe Abbildung auf Seite 131), der regen Gebrauch von den Routinen der Unit *Txt* macht.

Das Objekt *TText* ist wie folgt in der Unit *Txt* definiert:

```
TYPE
  PText=^TText;
  TText=OBJECT
    CONSTRUCTOR Init;
    PROCEDURE InsertLine; VIRTUAL;
    PROCEDURE DeleteLine; VIRTUAL;
```

```
    PROCEDURE GetLineStr(VAR s:LineStr); VIRTUAL;
    PROCEDURE PutLineStr(s:LineStr); VIRTUAL;
    PROCEDURE GoUp; VIRTUAL;
    PROCEDURE GoDown; VIRTUAL;
    PROCEDURE GoTop; VIRTUAL;
    PROCEDURE GoBottom; VIRTUAL;
    PROCEDURE GoLineNum(nr:WORD); VIRTUAL;
    PROCEDURE GoMarkedLine; VIRTUAL;
    PROCEDURE GoLineAttr(attr:WORD; style:WORD; forwd:BOOLEAN); VIRTUAL;
    FUNCTION TopTxt:BOOLEAN; VIRTUAL;
    FUNCTION BottomTxt:BOOLEAN; VIRTUAL;
    FUNCTION FoundLineAttr:BOOLEAN; VIRTUAL;
    FUNCTION LineCount:WORD; VIRTUAL;
    FUNCTION LineNum:WORD; VIRTUAL;
    FUNCTION Error:INTEGER; VIRTUAL;
    PROCEDURE MarkLine; VIRTUAL;
    PROCEDURE SetUserTxtVar(user:WORD); VIRTUAL;
    PROCEDURE GetUserTxtVar(VAR user:WORD); VIRTUAL;
    PROCEDURE SetUserLineVar(user:WORD); VIRTUAL;
    PROCEDURE GetUserLineVar(VAR user:WORD); VIRTUAL;
    PROCEDURE SetLineAttr(attr:WORD); VIRTUAL;
    PROCEDURE GetLineAttr(VAR attr:WORD); VIRTUAL;
    DESTRUCTOR Done; VIRTUAL;
  END;
```

Den einzelnen Methoden des Objektes *TText* kommen folgende Bedeutungen zu:

TText	Dieses Objekt ermöglicht das Generieren komplexer Textstrukturen
- BottomTxt	Liefert den Wert *TRUE*, wenn die letzte Zeile eines Textes erreicht ist
- DeleteLine	Löscht die aktuelle Text-Zeile
- Done	Löscht einen Text
- Error	Liefert eine Fehlernummer
- FoundLineAttr	Liefert *TRUE*, wenn die Suche nach einem Zeilen-Attribut erfolgreich war
- GetLineAttr	Liefert das Attribut der aktuellen Zeile
- GetLineStr	Liefert die Zeichenkette, die der aktuellen Zeile zugeordnet ist
- GetUserLineVar	Liefert den für beliebige Zwecke verfügbare *WORD*-Wert (aktuelle Zeile)
- GetUserTxtVar	Liefert den für beliebige Zwecke verfügbare *WORD*-Wert (aktueller Text)
- GoBottom	Springt zur letzten Zeile des aktuellen Textes
- GoDown	Aktiviert die folgende Textzeile

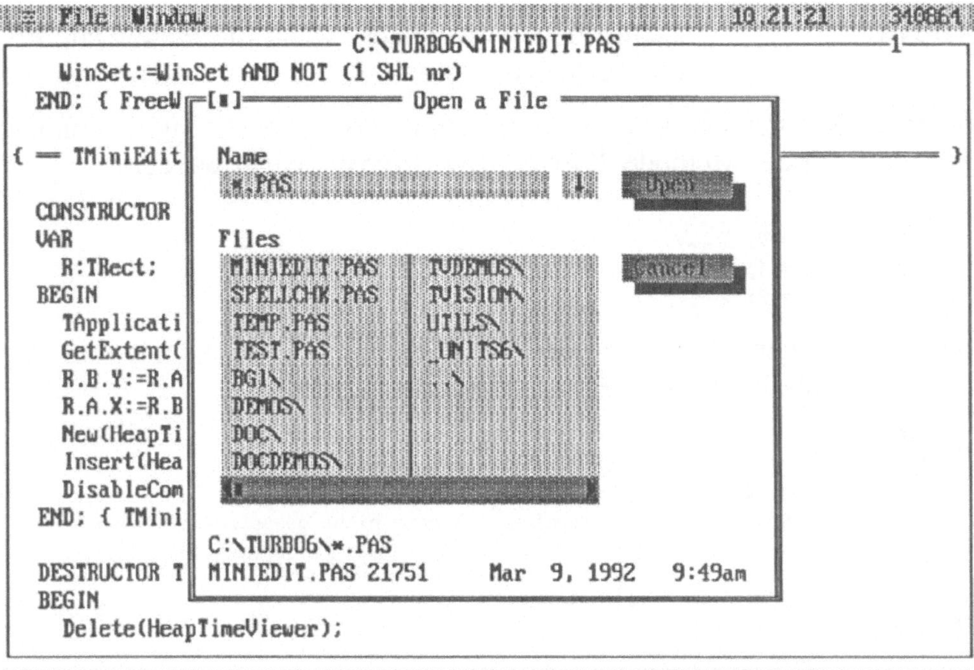

Abbildung: Demo-Programm MiniEdit

- **GoLineAttr** Springt zur ersten Zeile mit einem bestimmten Attribut
- **GoLineNum** Springt zu einer beliebigen Zeile (mit Hilfe der Zeilennummer)
- **GoMarkedLine** Springt zu einer zuvor markierten Zeile (siehe *MarkLine*)
- **GoTop** Springt zur ersten Zeile des aktuellen Textes
- **GoUp** Aktiviert die vorhergehende Zeile
- **Init** Erzeugt einen neuen Text
- **InsertLine** Fügt eine neue Zeile ein
- **LineCount** Ermittelt die Anzahl Zeilen des aktuellen Textes
- **LineNum** Liefert die Nummer der aktuellen Zeile
- **MarkLine** Markiert die aktuelle Zeile
- **PutLineStr** Ordnet der aktuellen Zeile eine Zeichenkette zu
- **SetLineAttr** Ordnet der aktuellen Zeile ein Attribut zu
- **SetUserLineVar** Ordnet der aktuellen Zeile einen *WORD*-Wert zu
- **SetUserTxtVar** Ordnet dem aktuellen Text einen *WORD*-Wert zu

- TopTxt Liefert den Wert *TRUE*, wenn die erste Zeile eines Textes erreicht ist

Folgende Konstanten sind in der Unit *Txt* definiert und können zusammen mit der Methode *TText.GoLineAttr* verwendet werden:

```
CONST
  atEqual     = 0;
  atOneOrMore = 1;
  atAll       = 2;
```

Folgende Konstanten sind in der Unit *Txt* definiert und können zusammen mit der Methode *TText.Error* verwendet werden:

```
CONST
  erOK               = 0;  { Kein Fehler aufgetreten                    }
  erLineNotCreated   = 1;  { Zeile konnte nicht erzeugt werden          }
  erLineStrNotStored = 2;  { Zeileninhalt konnte nicht gespeichert werden }
```

TText.BottomTxt

Zweck
Prüft, ob die letzte Zeile eines Textes erreicht ist.

Struktur

```
FUNCTION TText.BottomTxt:BOOLEAN;
```

Bemerkung
Die Funktion *BottomTxt* liefert den Wert *TRUE*, wenn die aktuelle Zeile gleichzeitig die letzte eines Textes ist. Anders ausgedrückt wird folgende Bedingung wahr:

```
USES
  Txt;
VAR
  t1:TText;
BEGIN
  ...
  IF t1.LineNum=t1.LineCount THEN WriteLn('Textende');
```

Beispiel
Folgendes Programm liest einen Text von Diskette in eine Textstruktur ein und zeigt deren Inhalt schließlich auf dem Bildschirm an.

```
PROGRAM BottomTxt_Test;
USES
  Txt;
VAR
  f:TEXT;
  datei,zeile:STRING;
  t:PText;
BEGIN
  Write('Dateiname: '); ReadLn(datei);
  Assign(f,datei);
  Reset(f);
  New(t,Init);
  WHILE NOT Eof(f) DO BEGIN
    ReadLn(f,zeile);
    t^.PutLineStr(zeile);
    t^.InsertLine
  END;
  Close(f);
  t^.GoTop;
  WHILE NOT t^.BottomTxt DO BEGIN
    t^.GetLineStr(zeile);
    WriteLn(t^.LineNum:4,': ',zeile);
    t^.GoDown
  END;
  Dispose(t,Done)
END. { BottomTxt_Test }
```

Siehe auch
GoBottom, GoTop, TopTxt

TText.DeleteLine

Zweck
Löscht die aktuelle Zeile eines Textes.

Struktur

```
PROCEDURE TText.DeleteLine;
```

Bemerkung
Ein Text besteht aus zusammenhängenden Zeilen (jede darf maximal 255 Zeichen enthalten), somit hat jede Zeile gleichzeitig einen Vorgänger und einen Nachfolger (ausgenommen natürlich die erste und die letzte Zeile).

DeleteLine löscht die aktuelle Zeile, wobei sich die gesamte Anzahl der Text-Zeilen um Eins verringert (siehe auch *LineCount*). Nach folgenden Regeln wird die neue aktuelle Zeile bestimmt:

- Wenn ein Nachfolger besteht, wird dieser zur aktuellen Zeile (das Funktionsergebnis von *TText.LineNum* bleibt dabei unverändert).
- Existiert kein Nachfolger, wird der Vorgänger zur aktuellen Zeile (z.B. wenn die aktuelle Zeile sich am Schluß des Textes befindet).
- Bestehen weder Nachfolger noch Vorgänger, wird nur die Zeichenkette der aktuellen Zeile gelöscht (genau dann der Fall, wenn ein Text aus einer einzigen Zeile besteht).

Betrachten wir folgenden Text (vor dem Löschen einer Zeile):

```
1. Zeile: Ich bin die erste Zeile.
2. Zeile: Mich will man löschen.      { <- aktiv }
3. Zeile: Ich bin die letzte Zeile.
```

Nach *TText.DeleteLine* bleibt die logische Reihenfolge der einzelnen Zeilen bestehen:

```
1. Zeile: Ich bin die erste Zeile.
2. Zeile: Ich bin die letzte Zeile.   { <- aktiv }
```

Ein Text umfaßt mindestens eine Zeile, auch dann, wenn versucht wird, diese zu löschen. *TText.InsertLine* fügt eine neue Zeile ein.

Um die Zeichenkette zu erhalten, die der aktuellen Zeile zugeordnet ist, verwenden Sie bitte die Prozedur *TText.GetLineStr*.

Beispiel

Folgendes Programm liest einen Text ein und löscht ihn Zeile für Zeile.

```
PROGRAM DeleteLine_Test;
USES
  Txt,Crt;
VAR
  f:TEXT;
  datei,zeile:STRING;
  t:PText;
BEGIN
  Write('Dateiname: '); ReadLn(datei);
  Assign(f,datei);
  Reset(f);
  New(t,Init);
  WHILE NOT Eof(f) DO BEGIN
    ReadLn(f,zeile);
    t^.PutLineStr(zeile);
```

```
    t^.InsertLine
  END;
  Close(f);
  ClrScr;
  t^.GoLineNum(t^.LineCount DIV 2);
  REPEAT
    GotoXY(1,1);
    Write('Aktuelle Zeile: ',t^.LineNum);ClrEol;
    t^.GetLineStr(zeile);
    GotoXY(1,2);
    Write(': ',zeile); ClrEol;
    t^.DeleteLine;
    Delay(100)
  UNTIL t^.TopTxt;
  Dispose(t,Done)
END. { DeleteLine_Test }
```

Siehe auch
InsertLine

TText.Done

Zweck
Löscht einen Text.

Struktur

```
DESTRUCTOR TText.Done;
```

Bemerkung
Der Destruktur *Done* löscht den gesamten Text, der dem Objekt *TText* zugeordnet ist.

TText.Done sollte immer dann ausgeführt werden, wenn ein Text nicht mehr benötigt wird, da auf diese Weise der benötigte Speicherplatz auf dem Heap wieder freigegeben wird.

Siehe auch
Init

TText.Error

Zweck
Liefert eine Fehlernummer.

Struktur

```
FUNCTION TText.Error:INTEGER;
```

Bemerkung
Die Funktion *TText.Error* liefert eine Fehler-Nummer ungleich 0, wenn bei der Ausführung einer Methode des Objektes *TText* ein Fehler aufgetreten ist. Folgende Konstanten sind in der Unit *Txt* definiert und können zusammen mit der Funktion *TText.Error* verwendet werden:

```
CONST
  erOK               = 0;  { Kein Fehler aufgetreten                    }
  erLineNotCreated   = 1;  { Zeile konnte nicht erzeugt werden          }
  erLineStrNotStored = 2;  { Zeileninhalt konnte nicht gespeichert werden }
```

Den einzelnen Konstanten kommen folgende Bedeutungen zu:

erLineNotCreated *Zeile kann nicht erzeugt werden* (tritt bei *InsertLine* auf, wenn der Heap nicht über genügend Platz verfügt)

erLineStrNotStored *Zeile kann nicht geschrieben werden* (tritt bei *PutLineStr* auf, wenn die übergebene Zeichenkette keinen Platz auf dem Heap findet)

Es ist möglich, die Fehler-Nummer mit *Error* mehrmals hintereinander abzufragen (sie wird also nicht gelöscht). Beachten Sie jedoch, daß alle anderen Methoden des Objekts *TText* die aktuelle Fehler-Nummer zu Beginn auf 0 setzen.

TText.FoundLineAttr

Zweck
Prüft, ob ein bestimmtes Zeilen-Attribut gefunden werden konnte.

Struktur

```
FUNCTION TText.FoundLineAttr:BOOLEAN;
```

Bemerkung

Die Funktion *FoundLineAttr* liefert den Wert *TRUE*, wenn die Suche nach einem Zeilen-Attribut (mit *GoLineAttr*) erfolgreich war, andernfalls *FALSE*.

Siehe auch

GetLineAttr, GoLineAttr, SetLineAttr

TText.GetLineAttr

Zweck

Liefert das Attribut der aktuellen Zeile.

Struktur

```
PROCEDURE TText.GetLineAttr(VAR a:WORD);
```

Bemerkung

Jede Zeile eines Textes kann mit einem Attribut versehen werden, das gewisse Eigenschaften der Zeile festhält (z.B. "als Block markiert", "weiches Zeilenende" ...). Die Prozedur *GetLineAttr* liest das Attribut der aktuellen Zeile.

Textzeilen mit bestimmten Attributen können mit der Prozedur *GoLineAttr* gefunden werden.

Das Textattribut ist vom Typ *WORD* und umfaßt 16 Bits, dadurch können jeder Zeile 16 voneinander unabhängige Eigenschaften zugeordnet werden (falls beispielsweise das erste Bit gesetzt ist, gehört diese Zeile zu einem markierten Block).

```
USES
  Txt;
CONST
  block = 1;  { Zeile markiert; 0. Bit (1=2^0)     }
  soft  = 2;  { weiches Zeilenende; 1. Bit (2=2^1) }
  temp  = 4;  { temporäre Zeile; 2. Bit (4=2^2)    }
VAR
  t:PText;
  a:WORD;
BEGIN
  ...
  t^.GetLineAttr(a);
  IF a AND block=block THEN WriteLn('markierte Zeile ...');
  a:=a OR soft;          { "weiches Zeilenende" einfügen }
```

```
    a:=a AND (NOT block); { Zeile ist nicht mehr markiert }
    t^.SetLineAttr(a);    { neues Attribut schreiben      }
    ...
```

Siehe auch

FoundLineAttr, GoLineAttr, SetLineAttr

TText.GetLineStr

Zweck

Liefert die einer Zeile zugeordnete Zeichenkette.

Struktur

```
PROCEDURE TText.GetLineStr(VAR s:LineStr);
```

Bemerkung

Die Prozedur *GetLineStr* ermittelt die einer Zeile zugeordneten Zeichenkette (mit Hilfe des Parameters *s*).

Um einer Verschwendung von Speicherplatz entgegenzuwirken, wird nicht jeder Zeile eine konstante Speicherplatz-Größe zugeteilt, sondern eine für sie angemessene Größe des Heaps zugeordnet. Die Zeichenkette einer Zeile kann mit der Prozedur *PutLineStr* verändert werden. Der Typ *LineStr* ist wie folgt in der Unit *Txt* vordefiniert:

```
TYPE
  LineStr=STRING;
```

Beispiel

Folgendes Programm erzeugt einen Text mit zwei Zeilen und liest dann die einzelnen Zeichenkette mit *GetLineStr*.

```
PROGRAM GetLineStr_Test;
USES
  Txt;
VAR
  i:WORD;
  zeile:STRING;
  t:PText;
BEGIN
  New(t,Init);
  t^.PutLineStr('Die 1. Zeile des Textes.');
  t^.InsertLine;
  t^.PutLineStr('Die 2. und letzte Zeile des Textes.');
  FOR i:=1 TO 20 DO BEGIN
```

```
    IF ODD(i) THEN t^.GoTop ELSE t^.GoBottom;
    t^.GetLineStr(zeile);
    WriteLn(zeile)
  END;
  Dispose(t,Done)
END. { GetLineStr_Test }
```

Siehe auch
PutLineStr

TText.GetUserLineVar

Zweck
Liefert den Benutzer-Wert der aktuellen Zeile.

Struktur

```
PROCEDURE TText.GetUserLineVar(VAR u:WORD);
```

Bemerkung
Jeder Text-Zeile kann ein *WORD*-Wert zugeordnet werden, der dem Programmierer frei zur Verfügung steht (z.B. für Sprungmarken). Die Prozedur *GetUserLineVar* liest diesen Wert und stellt ihn mit Hilfe des Parameters *u* zur Verfügung.

Siehe auch
GetUserTxtVar, SetUserLineVar, SetUserTxtVar

TText.GetUserTxtVar

Zweck
Liefert den Benutzer-Wert des aktuellen Textes.

Struktur

```
PROCEDURE TText.GetUserTxtVar(VAR u:WORD);
```

Bemerkung
Jedem Text kann ein *WORD*-Wert zugeordnet werden, der dem Programmierer frei zur Verfügung steht (z.B. für Zeile und Spalte des Bild-

schirm-Cursors). Die Prozedur *GetUserTxtVar* liest diesen Wert und stellt ihn mit Hilfe des Parameters *u* zur Verfügung.

Siehe auch
GetUserLineVar, SetUserLineVar, SetUserTxtVar

TText.GoBottom

Zweck
Springt zur letzten Zeile des aktuellen Textes.

Struktur

```
PROCEDURE TText.GoBottom;
```

Bemerkung
Nach dem Aufruf von *GoBottom* ist die letzte Zeile eines Textes aktiv. Da die Adresse und die Zeilennummer der letzten Zeile immer gespeichert sind, kann diese Prozedur sehr schnell ausgeführt werden.

Um den neuen Zeileninhalt zu erhalten, verwenden Sie bitte die Prozedur *GetLineStr*. Mit Hilfe von *BottomTxt* kann geprüft werden, ob die letzte Zeile des aktuellen Textes bereits aktiv ist.

Siehe auch
BottomTxt, GoTop, TopTxt

TText.GoDown

Zweck
Aktiviert die folgende Zeile.

Struktur

```
PROCEDURE TText.GoDown;
```

Bemerkung
Die Prozedur *GoDown* verläßt die aktuelle Zeile und aktiviert die ihr folgende. Falls Sie sich bereits in der letzten Zeile eines Textes befinden (*BottomTxt* liefert den Wert *TRUE*), zeigt *GoDown* keine Wirkung.

Um den neuen Zeileninhalt zu erhalten, verwenden Sie bitte die Prozedur *GetLineStr*.

Siehe auch
GoBottom, GoUp, GoTop

TText.GoLineAttr

Zweck
Springt zu einer Zeile mit einem bestimmten Attribut.

Struktur

```
PROCEDURE TText.GoLineAttr(attr,style:WORD; forwd:BOOLEAN);
```

Bemerkung
Die Prozedur *GoLineAttr* durchsucht einen Text (ab der aktuellen Zeile) nach einem bestimmten Attribut. Die folgenden Konstanten sind in der Unit *Txt* definiert und können dem Parameter *style* übergeben werden:

```
CONST
  atEqual     = 0;  { Das zu suchende Attribut muß genau mit dem ... }
                    { ... angegebenen übereinstimmen.               }
  atOneOrMore = 1;  { Ein Attribut gilt genau dann als gefunden, ... }
                    { ... wenn mindestens ein einzelnes Bit des ...  }
                    { ... Parameters <attr> übereinstimmt.           }
  atAll       = 2;  { Ein Attribut gilt genau dann als gefunden, ... }
                    { ... wenn alle Bits mit dem angegebenen ...     }
                    { ... Attribut <attr> übereinstimmen.            }
```

Falls Sie dem Parameter *forwd* den Wert *TRUE* übergeben, durchsucht *GoLineAttr* den gesamten Text ab der aktuellen Zeile in Richtung Textende, andernfalls in Richtung Textanfang. Bei einem erfolglosen Suchvorgang liefert die Funktion *FoundLineAttr* den Wert *FALSE*, und die ehemals aktuelle Zeile bleibt weiterhin aktiv; bei erfolgreicher Suche hingegen wird die gefundene Zeile zur aktuellen Zeile (und *FoundLineAttr* liefert natürlich den Wert *TRUE*).

Beispiel
Folgendes Programm liest einen Text ein und ordnet den einzelnen Zeilen ein zufällig erzeugtes Attribut zu. Anschließend wird der gesamte Text nach verschiedenen Kriterien durchsucht.

```
PROGRAM GoLineAttr_Test;
USES
  Txt;
VAR
  datei,zeile:STRING;
  attr,such:WORD;
  f:TEXT;
  t:PText;

  PROCEDURE ShowAttr(attr:WORD);
  VAR
    i:WORD;
  BEGIN
    FOR i:=15 DOWNTO 0 DO
      IF attr AND (1 SHL i)=(1 SHL i) THEN Write('*') ELSE Write('-')
  END; { ShowAttr }

BEGIN
  Write('Dateiname: '); ReadLn(datei);
  Assign(f,datei);
  Reset(f);
  New(t,Init);
  WHILE NOT Eof(f) DO BEGIN
    ReadLn(f,zeile);
    t^.PutLineStr(zeile);
    t^.SetLineAttr(Random(64));
    IF NOT Eof(f) THEN t^.InsertLine
  END;
  Close(f);
  t^.GoTop;
  WriteLn('Suche alle Zeilen mit dem Attribut 1, 3, 5 ...');
  such:=(1 SHL 1)+(1 SHL 3)+(1 SHL 5);
  REPEAT
    t^.GoLineAttr(such,Txt.atEqual,TRUE);
    IF t^.FoundLineAttr THEN BEGIN
      t^.GetLineAttr(attr);
      t^.GetLineStr(zeile);
      ShowAttr(attr); WriteLn(': ',zeile);
      t^.GoDown
    END
  UNTIL NOT t^.FoundLineAttr OR t^.BottomTxt;
  WriteLn;
  Write('Weiter mit RETURN ...'); ReadLn;
  t^.GoBottom;
  WriteLn('Suche alle Zeilen, bei denen das 2. und/oder das ');
  WriteLn('4. Bit gesetzt ist ...');
  such:=(1 SHL 2)+(1 SHL 4);
  REPEAT
    t^.GoLineAttr(such,Txt.atOneOrMore,FALSE);
    IF t^.FoundLineAttr THEN BEGIN
      t^.GetLineAttr(attr);
```

```
      t^.GetLineStr(zeile);
      ShowAttr(attr); WriteLn(': ',zeile);
      t^.GoUp
    END
  UNTIL NOT t^.FoundLineAttr OR t^.TopTxt;
  WriteLn;
  Write('Weiter mit RETURN ...'); ReadLn(zeile);
  t^.GoBottom;
  WriteLn('Suche alle Zeilen, bei denen das 2. und das ');
  WriteLn('4. Bit gesetzt ist ...');
  such:=(1 SHL 2)+(1 SHL 4);
  REPEAT
    t^.GoLineAttr(such,Txt.atAll,FALSE);
    IF t^.FoundLineAttr THEN BEGIN
      t^.GetLineAttr(attr);
      t^.GetLineStr(zeile);
      ShowAttr(attr); WriteLn(': ',zeile);
      t^.GoUp
    END
  UNTIL NOT t^.FoundLineAttr OR t^.TopTxt;
  Write('Ende mit RETURN ...'); ReadLn;
  Dispose(t,Done)
END. { GoLineAttr_Test }
```

Siehe auch

FoundLineAttr, GetLineAttr, SetLineAttr

TText.GoLineNum

Zweck

Springt zu einer beliebigen Zeile.

Struktur

```
PROCEDURE TText.GoLineNum(nr:WORD);
```

Bemerkung

Die Prozedur *GoLineNum* springt zu der Zeile *nr* und wählt diese zur aktuellen Zeile. Falls *nr* kleiner als 1 oder größer als *LineCount* ist, wird zum Textanfang bzw. zum Textende gesprungen.

GoLineNum ist so programmiert, daß immer der kürzeste Weg zur gewünschten Zeile gefunden wird. Um den neuen Zeileninhalt zu erhalten, verwenden Sie bitte die Prozedur *GetLineStr*.

Beispiel

Folgendes Programm erzeugt einen Text von zehn Zeilen und schreibt diese in zufälliger Reihenfolge in den Bildschirm.

```
PROGRAM GoLineNum_Test;
USES
  Txt;
VAR
  i:WORD;
  s:STRING;
  t:PText;
BEGIN
  New(t,Init);
  FOR i:=1 TO 10 DO BEGIN
    Str(i:2,s);
    s:=s+'. Zeile dieses Textes';
    t^.PutLineStr(s);
    IF i<>10 THEN t^.InsertLine
  END;
  FOR i:=1 TO 20 DO BEGIN
    t^.GoLineNum(Random(10)+1);
    t^.GetLineStr(s);
    WriteLn(s)
  END;
  Dispose(t,Done)
END. { GoLineNum_Test }
```

Siehe auch

GoLineAttr

TText.GoMarkedLine

Zweck

Springt zu einer zuvor markierten Zeile.

Struktur

```
PROCEDURE TText.GoMarkedLine;
```

Bemerkung

Die Prozedur *MarkLine* markiert die aktuelle Zeile, die Prozedur *GoMarkedLine* springt zu dieser. Da *MarkLine* die Speicheradresse und die Zeilennummer sichert, kann *GoMarkedLine* sehr schnell ausgeführt werden.

Das Prozedur-Paar *MarkLine* und *GoMarkedLine* ist besonders dann wertvoll, wenn nach einer erfolglosen Editor-Funktion zur ursprüngliche Zeile zurückgekehrt werden soll (z.B. Suche nach einem Blockanfang).

Falls eine zuvor markierte Zeile gelöscht oder *MarkLine* noch nicht ausgeführt worden ist, zeigt *GoMarkedLine* keine Wirkung. Um den neuen Zeileninhalt zu erhalten, verwenden Sie bitte die Prozedur *GetLineStr*.

Siehe auch
MarkLine

TText.GoTop

Zweck
Springt zur ersten Zeile des aktuellen Textes.

Struktur

```
PROCEDURE TText.GoTop;
```

Bemerkung
Nach dem Aufruf der Prozedur *GoTop* ist die erste Zeile eines Textes aktiv. Da die Adresse der ersten Zeile immer gespeichert ist, kann diese Prozedur sehr schnell ausgeführt werden.

Um den neuen Zeileninhalt zu erhalten, verwenden Sie bitte die Prozedur *GetLineStr*. Mit der Funktion *TopTxt* läßt sich feststellen, ob die erste Zeile eines Textes bereits aktiviert ist.

Siehe auch
BottomTxt, GoBottom, TopTxt

TText.GoUp

Zweck
Aktiviert die vorhergehende Zeile.

Struktur

```
PROCEDURE TText.GoUp;
```

Bemerkung
Die Prozedur *GoUp* verläßt die aktuelle Zeile und aktiviert die ihr vorangehende. Falls Sie sich bereits in der ersten Zeile eines Textes befinden (*TopTxt* liefert den Wert *TRUE*), zeigt die Prozedur *GoUp* keine Wirkung.

Um den neuen Zeileninhalt zu erhalten, verwenden Sie bitte die Prozedur *GetLineStr*.

Siehe auch
GoBottom, GoDown, GoTop

TText.Init

Zweck
Erzeugt einen neuen Text.

Struktur

```
CONSTRUCTOR TText.Init;
```

Bemerkung
Der Konstruktor *Init* erzeugt eine Textstruktur und initialisiert gewisse Werte, die zu einem Text gehören. Nach dem Aufruf von *Init* besteht der neu generierte Text genau aus einer Zeile. Weitere Zeilen können mit *InsertLine* hinzugefügt werden.

Gleichzeitig können mehrere voneinander unabhängige Texte erzeugt werden (jedes Objekt *TText* entspricht einem eigenen Text):

```
USES
  Txt;
VAR
  s1,s2:TText;    { statisches Objekt  }
  d1,d2:PText;    { dynamisches Objekt }
BEGIN
  s1.Init;        { ersten Text initialisieren  }
  s2.Init;        { zweiten Text initialisieren }
  New(d1,Init);   { dritter Text }
  New(d2,Init);   { vierter Text }
  ...
  s1.Done;
  s2.Done;
  Dispose(d1,Done);
  Dispose(d2,Done);
END.
```

Jeder Text ist in einzelne Zeilen aufgeteilt, wobei jede Zeile maximal 255 Zeichen enthalten kann. Die Anzahl der einzelnen Zeilen wird nur durch die Kapazität des Hauptspeichers beschränkt. Jede Zeile kann eindeutig einem einzigen Text zugeordnet werden.

Fehler, die während des Prozeduraufrufes *TText.Init* auftreten (zu wenig Speicher auf dem Heap für die erste Zeile), lassen sich wie folgt ermitteln:

```
USES
  Txt;
VAR
  t:TText;
  p:PText;
BEGIN
  IF NOT t.Init THEN  { statisches Objekt }
    Write('Fehler! 1. Text konnte nicht erzeugt werden');
  New(p,Init);
  IF p=NIL THEN       { dynamisches Objekt }
    Write('Fehler! 2. Text konnte nicht erzeugt werden');
  ...
```

Beispiel

Folgendes Programm erzeugt zwei voneinander unabhängige Texte:

```
PROGRAM Init_Test;
USES
  Txt;
VAR
  zeile:STRING;
  i:WORD;
  t1,t2,temp:PText;
BEGIN
  New(t1,Init);  { Erzeugt den 1. Text }
  New(t2,Init);  { Erzeugt den 2. Text }
  t2^.PutLineStr('Dies ist die 1. Zeile des 2. Textes');
  t2^.InsertLine;
  t2^.PutLineStr('Zeile Nummer 2, auch letzte Zeile');

  t1^.PutLineStr('Dies ist die 1. Zeile des 1. Textes');
  t1^.InsertLine;
  t1^.PutLineStr('1. Text, 2. Zeile ...');
  t1^.InsertLine;
  t1^.PutLineStr('Letzte Zeile des 1. Textes');
  FOR i:=1 TO 10 DO BEGIN
    IF ODD(i) THEN temp:=t1 ELSE temp:=t2;
    temp^.GoTop;
    temp^.GetLineStr(zeile);
    WriteLn(zeile);
```

```
    WHILE NOT temp^.BottomTxt DO BEGIN
      temp^.GoDown;
      temp^.GetLineStr(zeile);
      WriteLn(zeile);
    END;
    WriteLn
  END;
  Dispose(t1,Done);
  Dispose(t2,Done)
END. { Init_Test }
```

Siehe auch
Done

TText.InsertLine

Zweck
Fügt eine neue Zeile ein.

Struktur

```
PROCEDURE TText.InsertLine;
```

Bemerkung
Die Prozedur *InsertLine* fügt unmittelbar nach der aktuellen Zeile eine weitere ein (und aktiviert sie). Betrachten wir folgenden Text (vor dem Einfügen einer Zeile):

```
1. Zeile: Ich bin die erste Zeile.   (* <- aktiv *)
2. Zeile: Ich bin die letzte Zeile.
```

Nach dem Einfügen einer Zeile mit *InsertLine* bleibt die logische Reihenfolge der einzelnen Zeilen erhalten:

```
1. Zeile: Ich bin die erste Zeile.
2. Zeile: Mich hat man eingefügt.    (* <- aktiv *)
3. Zeile: Ich bin die letzte Zeile.
```

Fehler, die während der Prozedurausführung auftreten, können mit *Error* ermittelt werden.

Siehe auch
DeleteLine

TText.LineCount

Zweck
Ermittelt die Anzahl Zeilen des aktuellen Textes.

Struktur

```
FUNCTION TText.LineCount:WORD;
```

Bemerkung
Die Funktion *LineCount* ermittelt die Anzahl Zeilen des aktuellen Textes. Die Nummer der letzten Zeile wird immer gespeichert, somit kann *LineCount* sehr schnell ausgeführt werden.

Siehe auch
LineNum

TText.LineNum

Zweck
Liefert die Nummer der aktuellen Zeile.

Struktur

```
FUNCTION TText.LineNum:WORD;
```

Bemerkung
Jeder Zeile eines Textes ist eine Nummer zugeordnet, die mit der Funktion *LineNum* ermittelt werden kann (1 entspricht der 1. Zeile). Die aktuelle Zeilennummer wird intern gespeichert, somit kann *LineNum* sehr schnell ausgeführt werden. *LineCount* liefert die Nummer der letzten Zeile eines Textes.

Siehe auch
LineCount

TText.MarkLine

Zweck
Markiert die aktuelle Zeile.

Struktur

```
PROCEDURE TText.MarkLine;
```

Bemerkung
Die Prozedur *MarkLine* speichert die Adresse und die Zeilennummer der aktuellen Zeile, damit diese zu einem späteren Zeitpunkt schnell wiedergefunden werden kann (mit *GoMarkedLine*).

MarkLine ist eher für den internen Gebrauch gedacht (soll ein Text beispielsweise nach einer Zeichenkette durchsucht werden, die nicht gefunden wird, kann nach der erfolglosen Suche wieder zur ehemals aktiven Zeile zurückgekehrt werden).

Siehe auch
GoMarkedLine

TText.PutLineStr

Zweck
Ordnet der aktuellen Zeile eine Zeichenkette zu.

Struktur

```
PROCEDURE TText.PutLineStr(s:LineStr);
```

Bemerkung
Die Prozedur *PutLineStr* ordnet der aktuellen Zeile die Zeichenkette *s* zu (jede Zeile, die mit *InsertLine* erzeugt wird, enthält zunächst keine Zeichenkette).

Die Zeichenkette *s* wird auf dem Heap abgelegt; deshalb kann es vorkommen, daß bei vollem Heap ein Fehler auftritt und die Zeichenkette nicht ordnungsgemäß gespeichert werden kann (siehe *Error*). Der Typ *LineStr* ist wie folgt in der Unit *Txt* definiert:

```
TYPE
  LineStr=STRING;
```

Beispiel

```
PROGRAM PutLineStr_Test;
USES
  Txt;
VAR
  zeile:STRING;
  t:PText;
BEGIN
  New(t,Init);
  Write('Eingabe: '); ReadLn(zeile);
  t^.PutLineStr(zeile);
  WriteLn('Zeile ist nun gespeichert.');
  t^.GetLineStr(zeile);
  WriteLn(zeile);
  Dispose(t,Done)
END. { PutLineStr_Test }
```

Siehe auch
GetLineStr

TText.SetLineAttr

Zweck
Ordnet der aktuelle Zeile ein Attribut zu.

Struktur

```
PROCEDURE TText.SetLineAttr(a:WORD);
```

Bemerkung
Jeder Zeile eines Textes kann ein Attribut zugeordnet werden, das über gewisse Eigenschaften der Textzeile Auskunft gibt (z.B. "weicher Zeilenumbruch", "Zeile ist als Block markiert" ...).

Die Prozedur *SetLineAttr* übergibt der aktuellen Zeile das Attribut *a*, wobei das alte Zeilenattribut überschrieben wird (das aktuelle Attribut kann jedoch zuvor mit *GetLineAttr* gelesen werden):

```
USES
  Txt;
CONST
  block = 1;  { 0. Bit; 1=1^0 }
  soft  = 2;  { 1. Bit; 2=1^1 }
  temp  = 4;  { 2. Bit; 4=1^2 }
```

```
VAR
  a:WORD;
  t:PText;
BEGIN
  ...
  t^.GetLineAttr(a);
  a:=a OR block;          { Eigenschaft hinzufügen }
  a:=a AND (NOT soft);    { Eigenschaft löschen    }
  t^.SetLineAttr(a);
  ...
```

Mit der Prozedur *GoLineAttr* können Zeilen mit ganz bestimmten Attributen gesucht werden.

Siehe auch
FoundLineAttr, GetLineAttr, GoLineAttr

TText.SetUserLineVar

Zweck
Ordnet der aktuellen Zeile einen *WORD*-Wert zu.

Struktur

```
PROCEDURE TText.SetUserLineVar(u:WORD);
```

Bemerkung
Die Prozedur *SetUserLineVar* ordnet der aktuellen Zeile einen *WORD*-Wert zu, der dem Benutzer frei zur Verfügung steht. Dieser kann beispielsweise für Sprungmarken oder für das Datum der letzten Bearbeitung verwendet werden.

Siehe auch
GetUserLineVar, GetUserTxtVar, SetUserTxtVar

TText.SetUserTxtVar

Zweck
Ordnet dem aktuellen Text einen *WORD*-Wert zu.

Struktur

```
PROCEDURE TText.SetUserTxtVar(u:WORD);
```

Bemerkung

Die Prozedur *SetUserTxtVar* ordnet dem aktuellen Text den *WORD*-Wert *u* zu. Dieser steht dem Benutzer frei zur Verfügung.

Wenn Sie einen Editor schreiben, der mehrere Texte gleichzeitig bearbeiten kann, wird es notwendig, beim Wechseln der Texte über die für einen Text aktuelle Cursor-Position zu verfügen. Hierzu können Sie beispielsweise die beiden Prozeduren *SetUserTxtVar* und *GetUserTxtVar* verwenden (z.B. entspricht das niederwertige Byte der Bildschirmzeile, das höherwertige der Spalte):

```
USES
  Txt,Crt;
VAR
  c:WORD;
  spalte,zeile:WORD;
  t:PText;
BEGIN
  ...
  spalte:=WhereX;
  zeile:=WhereY;
  c:=spalte*16+zeile;
  t^.SetUserTxtVar(c);  { Setzen der Daten    }
  ...
  t^.GetUserTxtVar(c);  { Ermitteln der Daten }
  spalte:=c DIV 16;
  zeile:=c MOD 16;
  ...
```

Siehe auch

GetUserLineVar, GetUserTxtVar, SetUserLineVar

TText.TopTxt

Zweck

Prüft, ob der Anfang des aktuellen Textes erreicht ist.

Struktur

```
FUNCTION TText.TopTxt:BOOLEAN;
```

Bemerkung

Die Funktion *TopTxt* liefert den Wert *TRUE*, wenn die aktuelle Zeile gleichzeitig die erste eines Textes ist. Anders ausgedrückt wird folgende Bedingung wahr:

```
USES
  Txt;
VAR
  t1:TText;
BEGIN
  ...
  IF t1.LineNum=1 THEN Write('Textanfang');
```

Siehe auch

BottomTxt, GoBottom, GoTop

Anhang

Anhang A
Erläuterungen zur Unit Spell

Die heutzutage gebräuchlichen Korrektur-Programme suchen die in einem Text enthaltenen Wörter in einem Referenz-Wörterbuch; werden diese darin gefunden, kann angenommen werden, daß das zu prüfende Wort korrekt geschrieben ist. Damit ein Korrektur-Programm in der Praxis brauchbar ist, sollten folgende Punkte erfüllt sein:

- Ein Wort muß in sehr kurzer Zeit innerhalb des Referenz-Wörterbuches gefunden werden.
- Ein einzelnes Wort muß wenige Speicherplatz beanspruchen, da ein Referenz-Wörterbuch oft viele tausend Wörter enthält.

Aufbau des Wörterbuches

Das von der Unit *Spell* verwendete Wörterbuch besteht aus Blöcken, die je 32768 Bytes umfassen.[1] Da jedes gespeicherte Wort nur 2 Bytes belegt, kann ein solcher Block maximal 16384 Wörter aufnehmen. Ein einzelner Block kann wie folgt dargestellt werden:

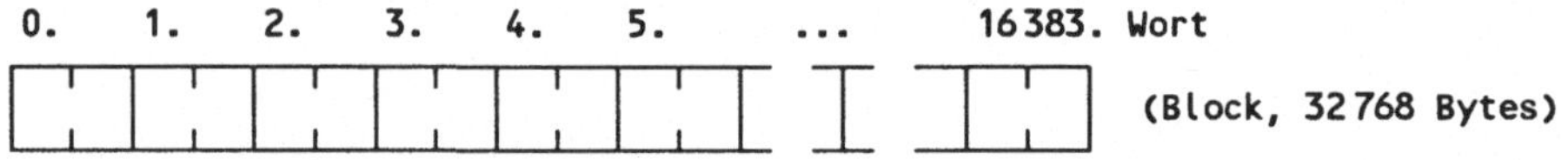

```
0.   1.   2.   3.   4.   5.      ...      16383. Wort
[  |  ][  |  ][  |  ][  |  ][  |  ][  |  ]  [ ]  [  |  ]   (Block, 32768 Bytes)
```

Jedes Wort belegt zwei aufeinanderfolgende Speicherstellen innerhalb eines Blockes und besitzt eine eindeutige Adresse (z.B. 7. Wort im 3. Block).

Wort-Adresse berechnen (Schlüssel-Transformation)

Mit Hilfe einer Umwandlungsfunktion wird nun versucht, einem Wort (das aus einer beliebigen Anzahl von Zeichen bestehen kann) eine bestimmte Adresse zuzuordnen (unter Verwendung einer "Schlüssel-Transformation"[2]). Als ersten Versuch könnten wir folgende Prozedur *Get-*

---

1 Insgesamt werden fünf verschiedene Wörterbuch-Größen unterstützt.
2 Auch *Hashing* genannt.

Key1 schreiben, die für ein Wort die erwünschte Adresse (bestehend aus Blocknummer (gültiger Bereich: *0.. (maxblock-1)*[3]) und Wortnummer (0.. 16383) innerhalb des Blockes) liefert:

```
PROCEDURE GetKey1(VAR wrd:STRING; VAR block,nummer:WORD; maxblock:WORD);
VAR
  max,  { Maximale Anzahl Wörter im Wörterbuch }
  key:LONGINT;
  nr,i:WORD;
BEGIN
  key:=0;
  max:=LONGINT(maxblock)*16384;
  FOR i:=1 TO Length(wrd) DO BEGIN
    key:=(key*256+LONGINT(wrd[i])) MOD max  { Bereich 0..(max-1) }
  END;
  nummer:=key MOD 16384;  { Bereich 0..16383          }
  block:=key DIV 16384    { Bereich 0..(maxblock-1) }
END; { GetKey1 }
```

Diese Methode birgt den Nachteil, daß sie für die Adresse eines Wortes nur die letzten 2 bis 3 Buchstaben berücksichtigt; die Verteilung der Schlüssel ist somit unbrauchbar. Dies rührt daher, daß die maximale Anzahl Wörter (Variable *max* innerhalb der Prozedur *GetKey1*) bei jeder Wörterbuch-Größe eine Potenz von 2 ist.[4] Gute Resultate erhalten wir jedoch, wenn wir der Variablen *max* eine Primzahl zuordnen (diese sollte so groß wie möglich sein, darf aber den ursprünglichen Wert von *max* nicht überschreiten).

Die oben beschriebene Prozedur wird in ähnlicher Weise in der Unit *Spell* verwendet; ihr einziger Nachteil ist die relativ "langsame" Ausführzeit, hervorgerufen durch die Anweisung:

```
FOR i:=1 TO Length(wrd) DO BEGIN
  key:=(key*256+LONGINT(wrd[i])) MOD max  { Bereich 0..(max-1) }
END;
```

Diese erzwingt bei jedem Schleifendurchgang eine Division (Operator *MOD*), die relativ viel CPU-Zeit in Anspruch nimmt.

Die in der Unit *Spell* implementierte Prozedur *GetKey* bildet die Adresse des gewünschten Wortes mit Hilfe einer Bit-Rotation und einer XOR-Verknüpfung, so daß die Geschwindigkeit wesentlich gesteigert werden konnte:

---

3 *maxblock* entspricht je nach Wörterbuch-Größe dem Wert 1, 2, 4, 8 oder 16.

4 Siehe auch *Niklaus Wirth, Algorithmen und Datenstrukturen mit Modula-2; Teubner-Verlag; Stuttgart*

```
PROCEDURE Rol7(VAR w:WORD);
BEGIN
  w:=(w SHR 9) OR (w SHL 7)  { Bit-Rotation }
END; { Rol7 }

PROCEDURE GetKey2(VAR wrd:STRING; VAR block,nummer:WORD; maxblock:WORD);
VAR
  key,i:WORD;
BEGIN
  key:=0;
  FOR i:=1 TO Length(wrd) DO BEGIN  { Schlüssel berechnen }
    Rol7(key);
    key:=key XOR BYTE(wrd[i])
  END;
  nummer:=key MOD 16384;
  block:=key MOD maxblock
END; { GetKey2 }
```

Meine Versuche haben gezeigt, daß die Verteilung der einzelnen Wörter mit der in *GetKey2* verwendeten Methode sehr gut ist (siehe weiter unten).

Kollision: Es besteht durchaus die Möglichkeit, daß zwei verschiedene Wörter dieselbe Adresse innerhalb des Wörterbuches erhalten (es wird von einer "Kollision" gesprochen). Es gibt mehrere Möglichkeiten, dieses Problem zu beseitigen. Die einfachste ist, die Adresse solange um einen bestimmten Betrag zu erhöhen, bis eine Adresse entsteht, die auf einen freien Platz im Wörterbuch zeigt:

```
PROCEDURE NextKey(VAR block,nummer:WORD; maxblock:WORD);
BEGIN
  Inc(nummer);
  IF nummer>16383 THEN BEGIN
    nummer:=nummer MOD 16384;  { Bereich 0..16383 }
    Inc(block);
    block:=block MOD maxblock  { Bereich 0..(maxblock-1) }
  END
END; { NextKey }
```

Die Unit *Spell* verwendet diese Methode, da sie hier aus technischen Gründen die beste ist bezüglich der Geschwindigkeit.[5]

---

[5] Da sich ein Wörterbuch auf der Festplatte befinden und die Wortsuche mehrere Plattenzugriffe erfordern kann, ist bei einer Kollision die Erhöhung der Adresse um den Wert 1 angebracht. Auf diese Weise können unnötige Sprünge der Schrei- bzw. Leseköpfe der Festplatte vermieden werden.

Daten im Wörterbuch

Nach der Ermittlung der Wort-Adresse taucht nun die Frage auf, welche Daten eines Wortes ins Wörterbuch eingetragen werden sollen. Wenn wir davon ausgehen, daß ein einzufügendes Wort aus mindestens 2 Buchstaben bestehen muß, könnten wir die ersten beiden Zeichen eines Wortes an der berechneten Stelle eintragen. Folgende Abbildung zeigt einen Block unseres Wörterbuches, in dem die drei Wörter "Taschenbuch", "gehen" und "singen" enthalten sind:

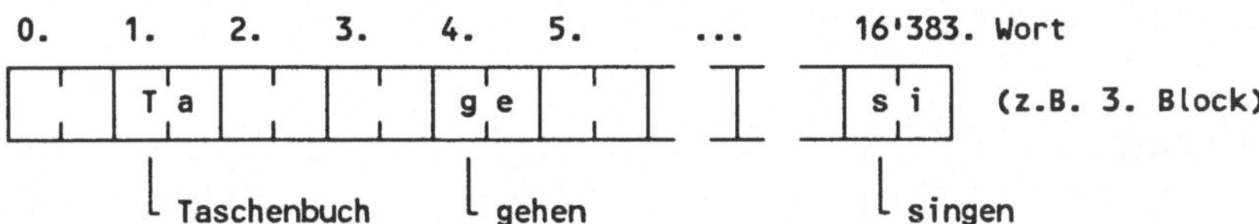

Um nun zu prüfen, ob das Wort "gehen" im Wörterbuch enthalten ist, berechnen wir zuerst die Wort-Adresse und sehen dann nach, ob sich die beiden Buchstaben "g" und "e" an der entsprechenden Stelle befinden.

Für den ersten Eintrag ins Wörterbuch sind in der deutschen Sprache die Buchstaben 'A'..'Z', 'a'..'z', 'Ä', 'ä', 'Ö', 'ö', 'Ü' und 'ü' möglich, für den zweiten hingegen 'a'..'z', 'ä', 'ö', 'ü' und 'ß'. Somit ergeben sich insgesamt 1740 (58*30) verschiedene zweistellige Buchstabenfolgen. Da aber einzelne Buchstaben öfters vorkommen als andere (ein "s" ist am Anfang eines Wortes wesentlich häufiger anzutreffen als ein "y"), ist eine gleichmäßige Verteilung ausgeschlossen und die hier betrachtete Lösung nicht befriedigend, da die Gefahr relativ groß ist, für ein falsch geschriebenes Wort einen geeigneten Eintrag im Wörterbuch zu finden.

Natürlich wäre es wünschenswert, alle 256 Codes des IBM-Zeichensatzes zu verwenden, denn somit hätten wir 65536 (256*256) verschiedene Zeichenkombinationen. Daneben sollten die einzelnen Zeichen im Bereich *#0..#255* möglichst gleichmäßig verteilt werden. Folgende Prozedur *GetKey3* berechnet uns die Speicheradresse eines Wortes und liefert außerdem die ins Wörterbuch einzutragenden Werte (Parameter *ch1* und *ch2*):

```
PROCEDURE Rol7(VAR w:WORD);
BEGIN
  w:=(w SHR 9) OR (w SHL 7)  { Bit-Rotation }
END; { Rol7 }
```

```
PROCEDURE GetKey3(VAR wrd:STRING; VAR block,nummer:WORD;
                  VAR ch1,ch2:BYTE; maxblock:WORD);
VAR
  key,i:WORD;
BEGIN
  key:=0;
  FOR i:=1 TO Length(wrd) DO BEGIN  { Schlüssel berechnen }
    Rol7(key);
    key:=key XOR BYTE(wrd[i])
  END;
  nummer:=key MOD 16384;
  block:=key MOD maxblock;
  ch1:=(key MOD 256) XOR BYTE(wrd[1]);
  ch2:=(key DIV 256) XOR BYTE(wrd[2])
END; { GetKey3 }
```

Das erste einzutragende Zeichen *ch1* wird mit Hilfe einer XOR-Verknüpfung der unbereinigten[6] Speicheradresse (niederwertiges Byte) und dem ersten Zeichen des Wortes gebildet, das zweite Zeichen *ch2* mit der XOR-Verknüpfung der Speicheradresse (höherwertiges Byte) und dem zweiten Zeichen des Wortes. Auf diese Weise entstehen Werte im gewünschten Bereich; ihre Häufigkeit ist außerdem gleichmäßig verteilt, wie meine Versuche ergeben haben.

Reservierte Zeichen: Eine Speicherstelle innerhalb des Wörterbuches, die noch kein Wort enthält, wird standardmäßig mit dem Zeichen *#0* gekennzeichnet. Falls ein Wort innerhalb des Wörterbuches gelöscht werden soll, wird das erste Zeichen mit *#1* überschrieben. Die Prozedur *GetKey3* muß noch so erweitert werden, daß für *ch1* nie die beiden Werte *#0* und *#1* geliefert werden:

```
PROCEDURE GetKey4(VAR wrd:STRING; VAR block,nummer:WORD;
                  VAR ch1,ch2:BYTE; maxblock:WORD);
VAR
  key,i:WORD;
BEGIN
  ...
  ch1:=(key MOD 256) XOR BYTE(wrd[1]);
  ch2:=(key DIV 256) XOR BYTE(wrd[2]);
  IF ch1<2 THEN INC(ch1,2)
END; { GetKey4 }
```

6 Der 16-Bitwert *key* enthält den eigentlichen Schlüssel eines Wortes und liegt im Bereich 0..65535 (da *WORD*-Wert). Dieser wird durch eine geeignete Umformung in einen Wert im Bereich 0..16383 transformiert und dem Parameter *nummer* übergeben.

Nach einem Wort innerhalb des Wörterbuches muß nun solange gesucht werden, bis die für das Wort typischen Daten gefunden werden (Wort bekannt) oder bis das Zeichen *#0* auftritt (Wort nicht bekannt).

Anzahl Wörterbuch-Einträge

Die Anzahl der im Wörterbuch enthaltenen Wörter wird in den ersten 4 Bytes des Wörterbuches abgespeichert:

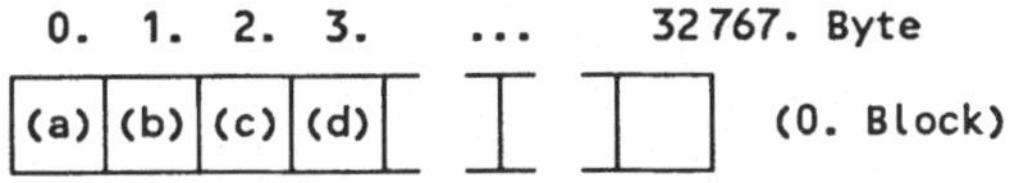

```
0.  1.  2.  3.     ...      32767. Byte
(a) (b) (c) (d)                        (0. Block)
```

Falls beim Öffnen des Wörterbuches das Byte (a) den Wert 255 enthält, wird die Anzahl der Wörter wie folgt berechnet:

```
Anzahl:=(b)+(c)*256+(d)*256*256
```

Nach dieser Berechnung werden das 0. und 2. Byte auf den Wert 254 gesetzt.[7] Aus Geschwindigkeits-Gründen wird erst beim Schließen des Wörterbuches die Anzahl der Wörter aktualisiert (Bytes 1..3) und das 0. Byte wieder auf 255 gesetzt. Auf diese Weise läßt sich beim erneuten Öffnen eines Wörterbuches erkennen, ob dieses zu einem früheren Zeitpunkt ordnungsgemäß geschlossen werden konnte.

Zusammengesetzte Wörter

In der deutschen Sprache ist es möglich, eine Vielzahl von Substantiven zusammenzusetzen. Da die Anzahl dieser Zusammensetzungen nicht überschaubar ist und ein Wörterbuch gewöhnlicherweise viele Stammwörter enthält, scheint es sinnvoll, diese für eine Worterkennung zu verwenden. In der deutschen Sprache gibt es außerdem eine Reihe von Zusammensetzungen, die ein Fugen-s[8] besitzen.

---

7 Diesen beiden Bytes kommen je auf den Anfang eines möglichen Wortes zu liegen. Der Wert 254 wird deshalb geschrieben, um zu verhindern, daß diese Bytes zufällig einen der reservierten Werte *#0* oder *#1* enthalten.

8 Z.B. *Funktionsgraph*, nicht *Funktiongraph*; *Schönheitskönigin*, nicht *Schönheitkönigin*.

Die Funktion *WordCompounded* prüft, ob ein Wort aus mehreren Teilwörtern[9] besteht. Die zu prüfenden Teilwörter werden aus dem Gesamtwort gebildet, indem bei diesem am Wortanfang die Buchstaben solange eliminiert werden, bis ein Teilwort erkannt wird. Die zu prüfenden Teilwörter, die auf diese Weise aus "Bildernagel" entstehen, sind also:

```
Bildernagel, Ildernagel, ..., Nagel, Agel, Gel
```

Da ein zusammengesetztes Wort aus mindestens zwei Teilwörtern bestehen muß, die je drei Buchstaben umfassen, prüft *WordCompounded* als erstes Teilwort direkt "Dernagel". Der verwendete Algorithmus kann wie folgt dargestellt werden:

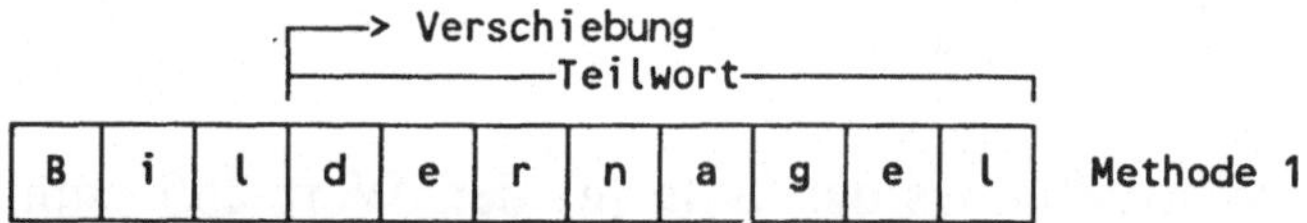


```
Prüft: Dernagel, Ernagel, Rnagel, Nagel (wird gefunden)
       Bilder (wird gefunden)
```

Folgende drei weiteren Suchmethoden wären neben der verwendeten denkbar:

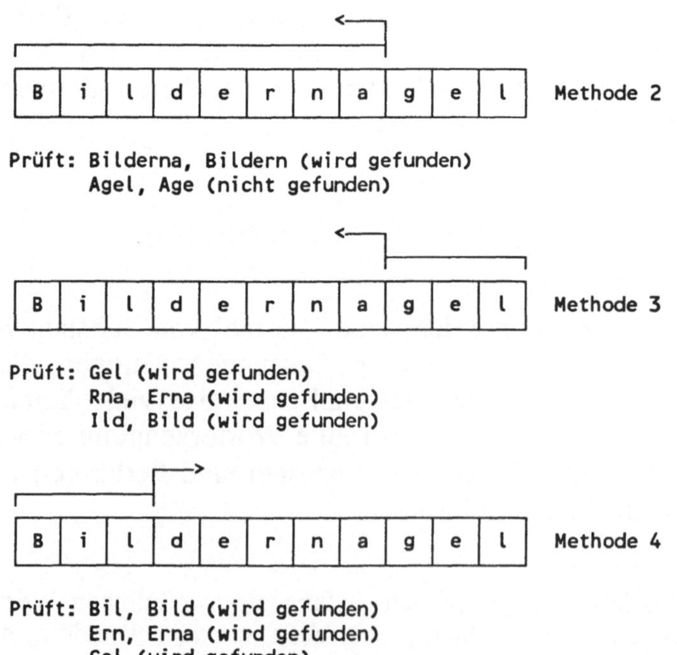

---

9 Ein Teilwort muß dabei aus mindestens drei Zeichen bestehen.

Wie zu erkennen ist, sind die Methoden 2..4 in der Praxis nicht empfehlenswert, da sie oft Teilwörter entdecken, die zwar korrekt, aber nicht gemeint sind. Der Grund für die schlechte Arbeitsweise der Methoden 2 und 4 ist darin zu suchen, daß ein Substantiv in der Regel viele zulässige Endungen besitzt.[10] Die Methode 3 ist oft schlechter als die Methode 1, da sie zu Beginn nach kurzen Teilwörtern sucht und diese erst schrittweise verlängert (die Methode 1 arbeitet umgekehrt).

Fugen-s: Damit die Funktion *WordCompounded* auch zusammengesetzte Substantive mit einem Fugen-s korrekt erkennen kann, wird ein Teilwort, dessen letztes Zeichen ein *S* ist, zunächst unverändert im Wörterbuch gesucht. Bei erfolgloser Suche wird das abschließende *S* des Teilwortes[11] eliminiert, und erneut sucht *WordCompounded* nach einem entsprechenden Eintrag im Wörterbuch. Falls nun dieses modifizierte Teilwort gefunden werden kann, gilt es als bekannt.

Analysen

Analysen der Schlüssel-Transformationen[12] haben gezeigt, daß ein Einfügen oder Auffinden eines Wortes im Mittel sehr wenige Zugriffe erfordert. Der Zusammenhang zwischen der Anzahl Sondierungen (S) und dem Füllungsgrad (F) des Wörterbuches läßt sich für die Unit *Spell* mit folgender Formel beschreiben:

```
S:=(1-F/2)/(1-F);
```

Folgende Tabelle zeigt einige Werte-Paare, die aus obiger Formel resultieren:

F	S	F	S	F	S
0.10	1.06	0.40	1.33	0.70	2.17
0.20	1.13	0.50	1.50	0.80	3.00
0.30	1.21	0.60	1.75	0.90	5.50

F: Füllungsgrad des Wörterbuches (Prozent/100)
S: Sondierungen (Speicherzugriffe)

---

10 Die Methoden 2 und 4 verändern während der Arbeit das Ende eines Teilwortes.

11 Das abschließende *S* eines Teilwortes wird nur dann eliminiert, wenn dieses Teilwort nicht am Ende des zusammengesetzten Wortes liegt.

12 Siehe *Niklaus Wirth, Algorithmen und Datenstrukturen mit Modula-2; Teubner-Verlag; Stuttgart*

Wenn also das Wörterbuch zu 90% gefüllt ist, müssen durchschnittlich 5.5 Speicherstellen beim Einfügen oder Löschen eines Wortes aufgesucht werden.

Die Wahrscheinlichkeit, daß ein falsch geschriebenes Wort als richtig erkannt wird (bei einem Wörterbuch, das zu 90% gefüllt ist), beträgt somit 1/11 822 (oder 1/(65 024/5.5)[13]) und kann praktisch vernachlässigt werden.

Die Verteilung der Wörter innerhalb eines Wörterbuches hängt stark von der verwendeten Funktion zur Berechnung der Wörter-Adressen ab. Wörter sollten sich innerhalb eines Wörterbuches nicht um bestimmte Bereiche ballen, während andere völlig unberührt bleiben.

Um die einzelnen Adreß-Routinen beurteilen zu können, habe ich das Wörterbuch *SPELL.LEX* (auf einer der Disketten enthalten) zweidimensional auf dem Bildschirm dargestellt. Jedes eingefügte Wort soll dabei als Graphik-Punkt in einer Fläche von 512x256 Punkten (= 131 072 Punkte[14]) sichtbar gemacht werden. Die linke obere Ecke der Fläche entspricht dabei dem 1. Wort, die rechte untere hingegen dem Wort mit der Nummer 131 072. Bei allen Testläufen wurde versucht, rund 80 000 Wörter ins Wörterbuch einzufügen.

Abbildung A.1: Sehr schlechte Verteilung

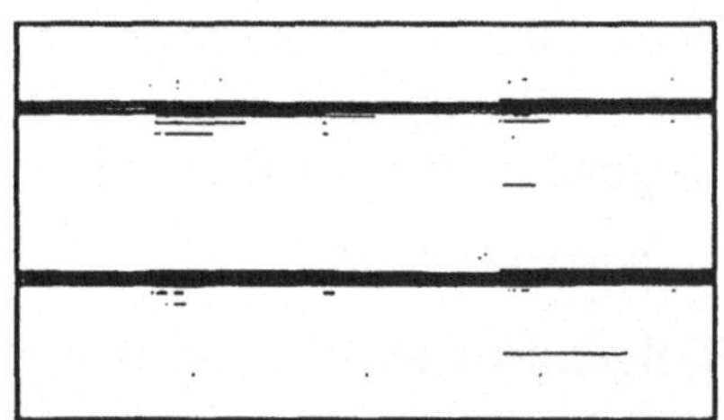

Für die Berechnung einer Wort-Adresse wurde folgende *FOR*-Schleife verwendet:

```
FOR i:=1 TO Length(wrd) DO BEGIN
  key:=(key*256+LONGINT(wrd[i])) MOD 131072
END;
```

Der Grund für die äußerst schlechte Verteilung der Wörter ist darin zu suchen, daß der Wert 131 072 eine Potenz von 2 ist[15]. Von den 80 000 verschiedenen Wörtern, die in dieses Wörter-

13 Anzahl der verschiedenen Schlüssel dividiert durch die Anzahl der durchschnittlichen Zugriffe.

14 Entspricht der maximalen Anzahl Wörter, die das Wörterbuch *SPELL.LEX* aufnehmen kann.

15 Für die Wort-Adresse werden nur die letzten zwei bis drei Zeichen eines Wortes berücksichtigt.

buch eingefügt werden sollten, wurden nur etwa 10000 aufgenommen, da die anderen als bekannt galten (rührt von der extremen Ballung her).

Abbildung A.2: Brauchbare Verteilung

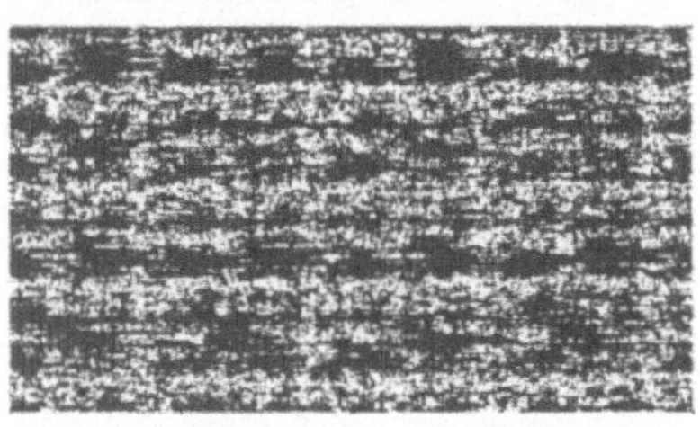

Für die Berechnung einer Wort-Adresse wurde folgende *FOR*-Schleife verwendet:

```
FOR i:=1 TO Length(wrd) DO BEGIN
  key:=(key*256+LONGINT(wrd[i])) MOD 131071
END;
```

Diese Adreß-Berechnung ist wesentlich besser als diejenige der Abb. A.1, da der Wert 131072 durch eine Primzahl ersetzt worden ist. Die vereinzelten dunklen Flecken (Ballungen) rühren daher, daß die Variable *key* bei jedem Schleifendurchgang mit dem Wert 256 multipliziert wird (denn der IBM-Zeichensatz verfügt über 256 verschiedene Zeichen), obwohl die meisten Wörter, die ins Wörterbuch aufgenommen werden sollen, bloß die Zeichen im Bereich *#32..#127* enthalten. Diese Adreß-Berechnung wird von Niklaus Wirth[16] zur Erstellung eines Cross-Referenz-Index verwendet.

Abbildung A.3: Gute Verteilung

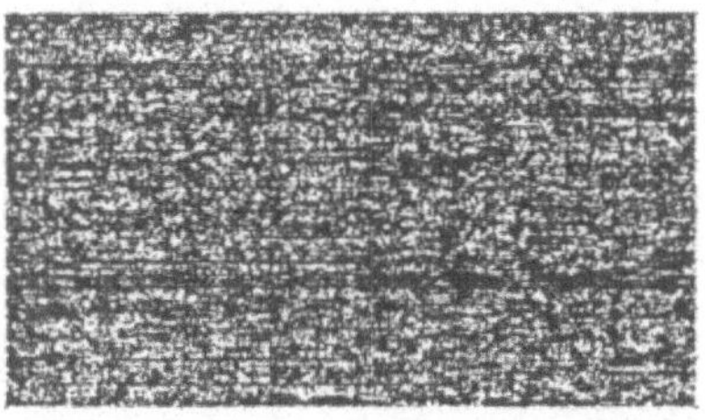

Für die Berechnung einer Wort-Adresse wurde folgende *FOR*-Schleife verwendet:

```
FOR i:=1 TO Length(wrd) DO BEGIN
  key:=(key*128+LONGINT(wrd[i])) MOD 131071
END;
```

Mit Hilfe dieser Adreß-Berechnung können noch bessere Resultate erzielt werden, denn die Variable *key* wird bei jedem Schleifendurchlauf nur mit dem Wert 128 multipliziert. Dieser Wert beruht auf der Annahme, daß die einzufügenden Wörter in der Regel nur Zeichen im Bereich *#0..#127* enthalten. Falls jedoch alle Zeichen des IBM-Zeichensatzes verwendet werden, verteilt die Adreß-Routine der Abb. A.2 die einzelnen Wörter besser.

---

16 Siehe *Niklaus Wirth, Algorithmen und Datenstrukturen mit Modula-2; Teubner-Verlag; Stuttgart*

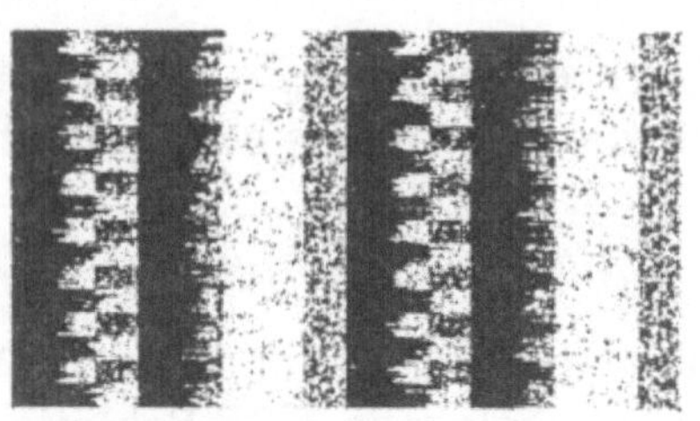

Abbildung A.4: Schlechte Verteilung

Für die Berechnung einer Wort-Adresse wurde folgende *FOR*-Schleife verwendet:

```
FOR i:=1 TO Length(wrd) DO BEGIN
  Rol8(key);
  key:=key XOR LONGINT(wrd[i])
END;
```

Diese Adreß-Routine rotiert das Bitmuster der Variablen *key* um 8 Stellen nach links und verknüpft anschließend diesen Wert und den nächsten Buchstaben des Wortes mit dem arithmetischen XOR (Exklusiv-Oder). Die Verteilung ist nicht befriedigend (aus demselben Grund wie bei Abb. A.2).

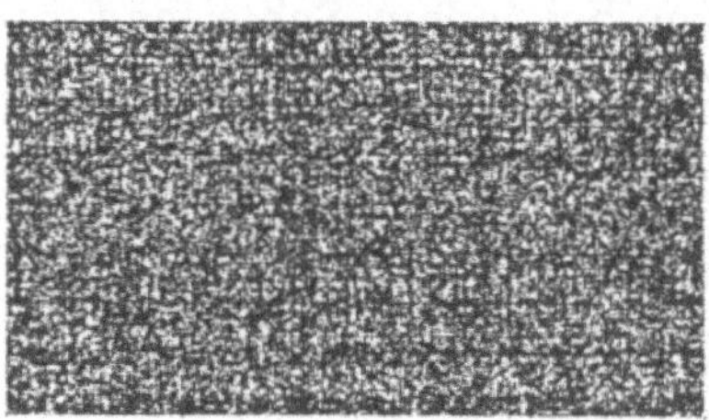

Abbildung A.5: Gute Verteilung

Für die Berechnung einer Wort-Adresse wurde folgende *FOR*-Schleife verwendet:

```
FOR i:=1 TO Length(wrd) DO BEGIN
  Rol7(key);
  key:=key XOR LONGINT(wrd[i])
END;
```

Die in dieser Abbildung verwendet Adreß-Routine wendet dieselbe Methode wie diejenige der Abb. A.4 an, wobei das Bitmuster von *key* nur um 7 Stellen nach links rotiert wird. Der Vorteil dieser Methode liegt darin, daß sie wesentlich schneller ausgeführt werden kann als die Methode der Abb. A.3 (denn es entfällt eine Division) und die Verteilung noch um eine Spur besser ist.

Anhang B
Übersicht der Units

In diesem Anhang finden Sie nochmals alle Routinen und Objekte (einschließlich zugehöriger Methoden) aufgeführt, die in den einzelnen Units enthalten sind.

Mouse

Folgende Prozeduren und Funktionen sind in der Unit *Mouse* enthalten:

AnyButton	Prüft, ob eine beliebige Maustaste gedrückt wird
Buttons	Ermittelt die verfügbaren Maustasten
ConvertCoords	Konvertiert Maus-Koordinaten
ConvertOff	Schaltet die Umrechnung (in Abhängigkeit des aktuellen Bildschirm-Modus) für die Maus-Position aus
ConvertOn	Schaltet die Umrechnung (in Abhängigkeit des gesetzten Bildschirm-Modus) für die Maus-Position ein (entspricht der Standard-Einstellung)
DoubleClick	Prüft, ob eine Maustaste in einer gewissen Zeitspanne zwei Mal gedrückt wird
DoubleClickRange	Prüft, ob eine Maustaste innerhalb eines bestimmten Rechtecks zwei Mal gedrückt wird
DriverSize	Liefert die Größe des Puffers, in dem die aktuellen Parameter des Maustreibers gespeichert werden sollen
GetClickPos	Ermittelt die Position, bei der eine Maustaste gedrückt wurde
GetMotion	Ermittelt die relative Mausbewegung in der Einheit "Mickey"
GetMousePos	Ermittelt die aktuelle Position des Mauszeigers
GetPage	Ermittelt die aktuelle Bildschirmseite, in der der Mauscursor angezeigt wird
GetReleasePos	Ermittelt die Position, bei der eine Maustaste losgelassen wurde
InitMouse	Setzt einige Maus-Parameter auf ihre Anfangswerte zurück

IsConvertOn	Prüft, ob die Maus-Koordinaten umgewandelt werden (in Abhängigkeit des gesetzten Bildschirm-Modus)
IsLightPenOn	Prüft, ob die Lichtstift-Emulation aktiv ist
IsMouseOn	Prüft, ob der Mauszeiger sichtbar ist
LeftButton	Prüft, ob die linke Maustaste gedrückt wird
LightPenOff	Schaltet die Lichtstift-Emulation aus
LightPenOn	Schaltet die Lichtstift-Emulation ein
MiddleButton	Prüft, ob die mittlere Maustaste gedrückt wird
MouseActRange	Prüft, ob sich die aktuelle Maus-Position in einem bestimmten rechteckigen Bereich befindet
MouseCondOff	Schaltet den Mauscursor aus, sobald dieser in einen gewissen Bildschirmausschnitt geführt wird
MouseOff	Schaltet den Mauscursor aus
MouseOn	Schaltet den Mauscursor ein
MouseRange	Prüft, ob sich ein bestimmter Punkt in einem rechteckigen Ausschnitt befindet
MouseReady	Prüft, ob eine Maus betrieben werden kann
RightButton	Ermittelt, ob die rechte Maustaste gedrückt wird
RestoreDriver	Stellt die zuvor gesicherten Einstellungen des Maustreibers wieder her
SaveDriver	Sichert die aktuellen Einstellungen des Maustreibers in einem Puffer
SetEventHandler	Installiert eine Prozedur, die bei bestimmten Maus-Ereignissen aufgerufen wird
SetGraphCursor	Definiert einen neuen Cursor für den Graphik-Modus
SetMousePos	Setzt den Mauszeiger an einen bestimmten Punkt
SetMouseRange	Definiert einen Bereich, in dem sich der Mauszeiger bewegen darf
SetMouseStyle	Wählt einen vordefinierten Graphik-Cursor
SetPage	Setzt die Bildschirmseite, in der der Mauscursor angezeigt werden soll
SetRatio	Legt das Ausmaß einer Mausbewegung fest
SetTextCursor	Definiert einen neuen Text-Cursor
SetThreshold	Legt fest, wann die Geschwindigkeit des Mauszeigers verdoppelt werden soll
SingleClick	Prüft, ob eine Maustaste während einer gewissen Zeitspanne genau ein Mal gedrückt wird

SingleClickRange	Prüft, ob eine Maustaste innerhalb eines bestimmten Rechteckes ein Mal gedrückt wird
SwapEventHandler	Tauscht die aktuelle Event-Prozedur mit der neuen aus

Spell

Folgende Funktion ist in der Unit *Spell* enthalten:

GlobalError	Ermöglicht das Ermitteln von Fehlern, die beim Erzeugen oder Öffnen von Wörterbüchern entstehen können

Folgendes Objekt ist in der Unit *Spell* enthalten:

TLex	Dieses Objekt ermöglicht das Suchen von Orthographiefehlern
- **Close**	Schließt ein offenes Wörterbuch
- **Create**	Erzeugt eine neues Wörterbuch
- **Deleted**	Prüft, ob das letzte Wort gelöscht werden konnte
- **DeleteWord**	Löscht ein Wort aus einem Wörterbuch
- **Error**	Liefert eine Fehlernummer
- **InRam**	Prüft, ob sich ein Wörterbuch im Arbeitsspeicher befindet
- **Inserted**	Prüft, ob das letzte Wort eingefügt werden konnte
- **InsertWord**	Fügt ein Wort in eine Wörterbuch ein
- **Kill**	Löscht ein offenes Wörterbuch
- **LexName**	Liefert den vollständigen Dateinamen eines Wörterbuches
- **Open**	Öffnet ein bestehendes Wörterbuch
- **OpenOrCreate**	Öffnet ein bestehendes oder erzeugt ein neues Wörterbuch
- **WordCompounded**	Prüft, ob ein Wort aus bekannten Teilwörtern besteht
- **WordCount**	Zählt die in einem Wörterbuch enthaltenen Wörter
- **WordExists**	Prüft, ob ein Wort in einem Wörterbuch enthalten ist

- WordNum	Liefert die aktuelle Anzahl Wörter, die in einem Wörterbuch enthalten sind
- WordSize	Liefert die maximale Anzahl Wörter, die ein Wörterbuch aufnehmen kann

Standard

Folgende Prozeduren und Funktionen sind in der Unit *Standard* enthalten:

BeepOff	Schaltet den Warnton aus, der bei den Prozeduren *ReadInt*, *ReadReal* und *ReadStr* verwendet wird
BeepOn	Schaltet den Warnton ein (Standardeinstellung)
Bin	Wandelt einen Wert ins binäre Zahlensystem um
BitSet	Prüft, ob ein bestimmtes Bit gesetzt ist
ClrBit	Löscht ein bestimmtes Bit
DelZero	Eliminiert führende Nullen
FirstUpper	Wandelt eine Zeichenkette so um, daß der erste Buchstabe groß, die restlichen hingegen klein geschrieben sind
Float	Stellt eine reelle Zahl mit Fließkomma dar
Hex	Wandelt einen Wert ins hexadezimale Zahlensystem um
InStr	Prüft, ob eine Zeichenkette in einer anderen (ab einer bestimmten Position) enthalten ist
Lower	Wandelt eine Zeichenkette in Kleinbuchstaben um
LString	Übergibt eine Zeichenkette, die von einer anderen links abgeschnitten wurde
LTrim	Beseitigt die einer Zeichenkette vorangestellten Leerzeichen
ReadInt	Liest einen ganzzahligen Wert ein
ReadReal	Liest einen reellen Wert ein
ReadStr	Liest eine Zeichenkette ein
Replicate	Bildet aus einem Zeichen eine Zeichenkette beliebiger Länge
Rnd	Ermittelt eine Zufallszahl, die sich in einem gewissen Bereich befindet

RString	Übergibt eine Zeichenkette, die von einer anderen rechts abgeschnitten wurde
RTrim	Eliminiert die einer Zeichenkette folgenden Leerzeichen
SetBit	Setzt ein bestimmtes Bit
Trim	Entfernt alle Leerzeichen, die sich in einer Zeichenkette befinden
Upper	Wandelt eine Zeichenkette in lauter Großbuchstaben um
ValBin	Wandelt einen binären Wert um
ValHex	Wandelt einen hexadezimalen Wert um

Sys

Folgendes Objekt ist in der Unit *Sys* enthalten:

TTimer	Dieses Objekt stellt eine Stoppuhr zur Verfügung
- Init	Initialisiert die Stoppuhr
- StartStop	Startet bzw. stoppt die Stoppuhr
- Lap	Merkt sich die aktuelle Zwischenzeit
- GetRunTime	Ermittelt die Laufzeit der Stoppuhr
- GetLapTime	Ermittelt die Zwischenzeit der Stoppuhr
- Done	Entfernt das Objekt vom Heap, falls dieses dynamisch erzeugt worden ist

Folgende Prozeduren und Funktionen sind in der Unit *Sys* enthalten:

AT	Prüft, ob Sie mit einem IBM AT-Computer (und nicht mit einem IBM PC oder IBM XT) arbeiten
ClearKbd	Löscht den Tastaturpuffer
ClockTicks	Ermittelt den aktuellen Stand des internen Zeit-Zählers
COM	Ermittelt die Anzahl der verfügbaren seriellen Schnittstellen
CPU87	Prüft, ob zur Laufzeit ein mathematischer Coprozessor zur Verfügung steht
Drives	Ermittelt die Anzahl der verfügbaren Laufwerke

FloppyDrives	Ermittelt die Anzahl der verfügbaren Disketten-Laufwerke
FreeKbd	Ermittelt, wieviele Zeichen der Tastaturpuffer noch aufnehmen kann
FreeRam	Ermittelt die Größe des verbleibenden Arbeitsspeichers
GetCursor	Ermittelt die Nummer der oberen und unteren Rasterzeile des Textcursors
GetLapTime	Ermittelt die Zwischenzeit der Stoppuhr
GetRunTime	Ermittelt die Laufzeit der Stoppuhr
GetScrMode	Ermittelt den aktuellen Bildschirmmodus
InitTimer	Initialisiert die Stoppuhr
KeyStatus	Prüft, welche der Umschalttasten (*CTRL*, *ALT* ...) momentan gedrückt werden
LapTimer	Merkt sich die aktuelle Zwischenzeit
LookKbd	Liest das erste Zeichen des Tastaturpuffers, ohne dieses aus dem Puffer zu entfernen
LPT	Ermittelt die Anzahl der verfügbaren parallelen Schnittstellen
LstStatus	Ermittelt den aktuellen Druckerstatus
MaxRam	Liefert die Größe des gesamten Arbeitsspeichers
ProgSize	Liefert die Größe des laufenden Programmes
PrtScr	Druckt den aktuellen Bildschirminhalt aus
PrtScrOff	Desaktiviert die *PrtScr*-Taste
PrtScrOn	Aktiviert die *PrtScr*-Taste
ReadKbd	Liest das erste Zeichen des Tastaturpuffers
SetCursor	Verändert die Größe des Textcursors
SetScrMode	Setzt einen beliebigen Bildschirmmodus
StartStopTimer	Startet bzw. stoppt die Stoppuhr
WriteKbd	Schreibt ein Zeichen in den Tastaturpuffer

Txt

Folgendes Objekt ist in der Unit *Txt* enthalten:

TText	Dieses Objekt ermöglicht das Generieren komplexer Textstrukturen

- **BottomTxt**	Liefert den Wert *TRUE*, wenn die letzte Zeile eines Textes erreicht ist
- **DeleteLine**	Löscht die aktuelle Text-Zeile
- **Done**	Löscht einen Text
- **Error**	Liefert eine Fehlernummer
- **FoundLineAttr**	Liefert *TRUE*, wenn die Suche nach einem Zeilen-Attribut erfolgreich war
- **GetLineAttr**	Liefert das Attribut der aktuellen Zeile
- **GetLineStr**	Liefert die Zeichenkette, die der aktuellen Zeile zugeordnet ist
- **GetUserLineVar**	Liefert den für beliebige Zwecke verfügbare *WORD*-Wert (aktuelle Zeile)
- **GetUserTxtVar**	Liefert den für beliebige Zwecke verfügbare *WORD*-Wert (aktueller Text)
- **GoBottom**	Springt zur letzten Zeile des aktuellen Textes
- **GoDown**	Aktiviert die folgende Textzeile
- **GoLineAttr**	Springt zur ersten Zeile mit einem bestimmten Attribut
- **GoLineNum**	Springt zu einer beliebigen Zeile (mit Hilfe der Zeilennummer)
- **GoMarkedLine**	Springt zu einer zuvor markierten Zeile (siehe *MarkLine*)
- **GoTop**	Springt zur ersten Zeile des aktuellen Textes
- **GoUp**	Aktiviert die vorhergehende Zeile
- **Init**	Erzeugt einen neuen Text
- **InsertLine**	Fügt eine neue Zeile ein
- **LineCount**	Ermittelt die Anzahl Zeilen des aktuellen Textes
- **LineNum**	Liefert die Nummer der aktuellen Zeile
- **MarkLine**	Markiert die aktuelle Zeile
- **PutLineStr**	Ordnet der aktuellen Zeile eine Zeichenkette zu
- **SetLineAttr**	Ordnet der aktuellen Zeile ein Attribut zu
- **SetUserLineVar**	Ordnet der aktuellen Zeile einen *WORD*-Wert zu
- **SetUserTxtVar**	Ordnet dem aktuellen Text einen *WORD*-Wert zu
- **TopTxt**	Liefert den Wert *TRUE*, wenn die erste Zeile eines Textes erreicht ist

Anhang C
Tastencodes

Allen Tasten können zwei Codes zugeordnet werden; sie werden ASCII- und Scan-Code genannt. Der Scan-Code gibt über die Lage einer Taste Auskunft und bleibt bei Buchstaben-Tasten unverändert, auch wenn zusätzlich zur Taste noch eine der Umschalttasten *Shift*, *Ctrl* oder *Alt* gedrückt wird.

Falls in den unten folgenden Tabellen für eine bestimmte Taste nur ein Code angegeben ist, handelt es sich immer um den ASCII-Code. Bei zwei Codes entspricht der erste Wert dem ASCII- (er ist immer 0) und der zweite dem Scan-Code.

Funktionstasten

Taste	allein	Shift	Ctrl	Alt
F1	0 59	0 84	0 94	0 104
F2	0 60	0 85	0 95	0 105
F3	0 61	0 86	0 96	0 106
F4	0 62	0 87	0 97	0 107
F5	0 63	0 88	0 98	0 108
F6	0 64	0 89	0 99	0 109
F7	0 65	0 90	0 100	0 110
F8	0 66	0 91	0 101	0 111
F9	0 67	0 92	0 102	0 112
F10	0 68	0 93	0 103	0 113

Cursor-Steuertasten

Taste	allein	Shift	Ctrl	Alt
<-	0 75	52	0 115	4
->	0 77	54	0 116	6
Pfeil auf	0 72	56	--	8
Pfeil ab	0 80	50	--	2
Home	0 71	55	0 119	7
End	0 79	49	0 117	1
PgUp	0 73	57	0 132	9
PgDn	0 81	51	0 118	3

Sonstige Tasten

Taste	allein	Shift	Ctrl	Alt
Ins	0 82	48	--	--
Del	0 83	46	--	80
Esc	27	27	27	--
|<- (BS)	8	8	127	--
->| (Tab)	9	0 15	--	--
Return	13	13	10	--

Buchstaben-Tasten

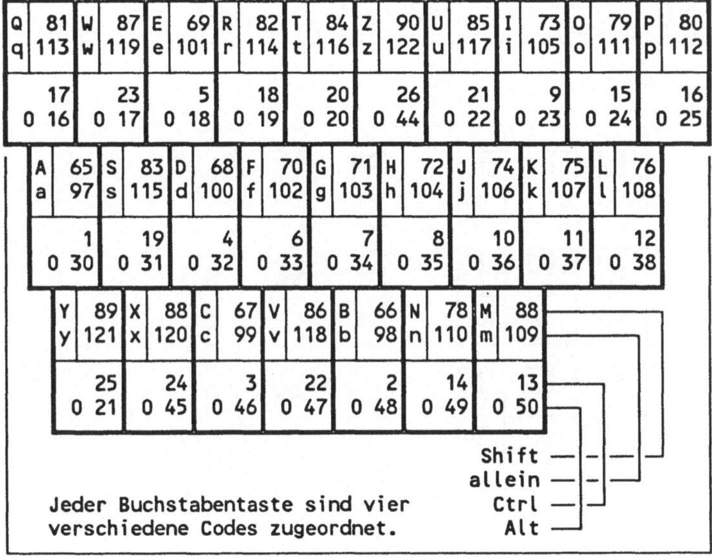

Anhang D
Graphikzeichen für Tabellen

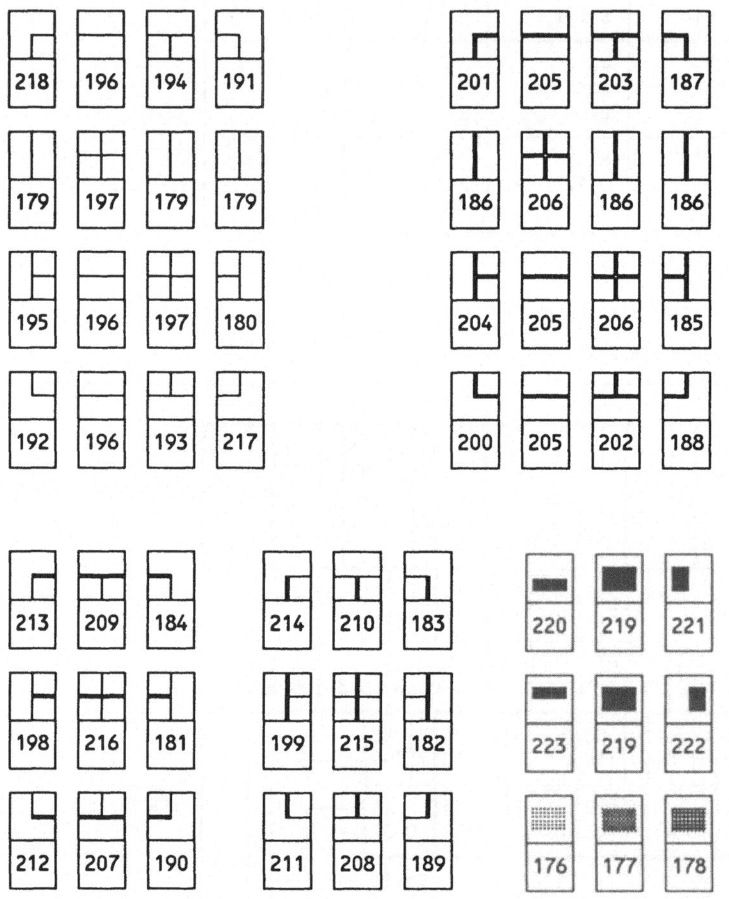

Anhang E
IBM-Zeichensatz

Dez	Hex	Oct	Zch
0	00	00	nul
1	01	01	soh
2	02	02	stx
3	03	03	etx
4	04	04	eot
5	05	05	enq
6	06	06	ack
7	07	07	bel
8	08	10	bs
9	09	11	ht
10	0A	12	lf
11	0B	13	vt
12	0C	14	ff
13	0D	15	cr
14	0E	16	so
15	0F	17	si
16	10	20	dle
17	11	21	dc1
18	12	22	dc2
19	13	23	dc3
20	14	24	dc4
21	15	25	nak
22	16	26	syn
23	17	27	etb
24	18	30	can
25	19	31	em
26	1A	32	sub
27	1B	33	esc
28	1C	34	fs
29	1D	35	gs
30	1E	36	rs
31	1F	37	us

Dez	Hex	Oct	Zch
32	20	40	
33	21	41	!
34	22	42	"
35	23	43	#
36	24	44	$
37	25	45	%
38	26	46	&
39	27	47	'
40	28	50	(
41	29	51	)
42	2A	52	*
43	2B	53	+
44	2C	54	,
45	2D	55	-
46	2E	56	.
47	2F	57	/
48	30	60	0
49	31	61	1
50	32	62	2
51	33	63	3
52	34	64	4
53	35	65	5
54	36	66	6
55	37	67	7
56	38	70	8
57	39	71	9
58	3A	72	:
59	3B	73	;
60	3C	74	<
61	3D	75	=
62	3E	76	>
63	3F	77	?

Dez	Hex	Oct	Zch
64	40	100	@
65	41	101	A
66	42	102	B
67	43	103	C
68	44	104	D
69	45	105	E
70	46	106	F
71	47	107	G
72	48	110	H
73	49	111	I
74	4A	112	J
75	4B	113	K
76	4C	114	L
77	4D	115	M
78	4E	116	N
79	4F	117	O
80	50	120	P
81	51	121	Q
82	52	122	R
83	53	123	S
84	54	124	T
85	55	125	U
86	56	126	V
87	57	127	W
88	58	130	X
89	59	131	Y
90	5A	132	Z
91	5B	133	[
92	5C	134	\
93	5D	135	]
94	5E	136	^
95	5F	137	_

Dez	Hex	Oct	Zch
96	60	140	`
97	61	141	a
98	62	142	b
99	63	143	c
100	64	144	d
101	65	145	e
102	66	146	f
103	67	147	g
104	68	150	h
105	69	151	i
106	6A	152	j
107	6B	153	k
108	6C	154	l
109	6D	155	m
110	6E	156	n
111	6F	157	o
112	70	160	p
113	71	161	q
114	72	162	r
115	73	163	s
116	74	164	t
117	75	165	u
118	76	166	v
119	77	167	w
120	78	170	x
121	79	171	y
122	7A	172	z
123	7B	173	{
124	7C	174	|
125	7D	175	}
126	7E	176	~
127	7F	177	del

Dez	Hex	Oct	Zch
128	80	200	Ç
129	81	201	ü
130	82	202	é
131	83	203	â
132	84	204	ä
133	85	205	à
134	86	206	å
135	87	207	ç
136	88	210	ê
137	89	211	ë
138	8A	212	è
139	8B	213	ï
140	8C	214	î
141	8D	215	ì
142	8E	216	Ä
143	8F	217	Å
144	90	220	É
145	91	221	æ
146	92	222	Æ
147	93	223	ô
148	94	224	ö
149	95	225	ò
150	96	226	û
151	97	227	ù
152	98	230	ÿ
153	99	231	Ö
154	9A	232	Ü
155	9B	233	¢
156	9C	234	£
157	9D	235	¥
158	9E	236	₧
159	9F	237	ƒ

Dez	Hex	Oct	Zch
160	A0	240	á
161	A1	241	í
162	A2	242	ó
163	A3	243	ú
164	A4	244	ñ
165	A5	245	Ñ
166	A6	246	ª
167	A7	247	º
168	A8	250	¿
169	A9	251	⌐
170	AA	252	¬
171	AB	253	½
172	AC	254	¼
173	AD	255	¡
174	AE	256	«
175	AF	257	»
176	B0	260	░
177	B1	261	▒
178	B2	262	▓
179	B3	263	│
180	B4	264	┤
181	B5	265	╡
182	B6	266	╢
183	B7	267	╖
184	B8	270	╕
185	B9	271	╣
186	BA	272	║
187	BB	273	╗
188	BC	274	╝
189	BD	275	╜
190	BE	276	╛
191	BF	277	┐

Dez	Hex	Oct	Zch
192	C0	300	└
193	C1	301	┴
194	C2	302	┬
195	C3	303	├
196	C4	304	─
197	C5	305	┼
198	C6	306	╞
199	C7	307	╟
200	C8	310	╚
201	C9	311	╔
202	CA	312	╩
203	CB	313	╦
204	CC	314	╠
205	CD	315	═
206	CE	316	╬
207	CF	317	╧
208	D0	320	╨
209	D1	321	╤
210	D2	322	╥
211	D3	323	╙
212	D4	324	╘
213	D5	325	╒
214	D6	326	╓
215	D7	327	╫
216	D8	330	╪
217	D9	331	┘
218	DA	332	┌
219	DB	333	█
220	DC	334	▄
221	DD	335	▌
222	DE	336	▐
223	DF	337	▀

Dez	Hex	Oct	Zch
224	E0	340	α
225	E1	341	ß
226	E2	342	Γ
227	E3	343	π
228	E4	344	Σ
229	E5	345	σ
230	E6	346	µ
231	E7	347	τ
232	E8	350	Φ
233	E9	351	Θ
234	EA	352	Ω
235	EB	353	δ
236	EC	354	∞
237	ED	355	φ
238	EE	356	ε
239	EF	357	∩
240	F0	360	≡
241	F1	361	±
242	F2	362	≥
243	F3	363	≤
244	F4	364	⌠
245	F5	365	⌡
246	F6	366	÷
247	F7	367	≈
248	F8	370	°
249	F9	371	∙
250	FA	372	·
251	FB	373	√
252	FC	374	^{n}
253	FD	375	^{2}
254	FE	376	■
255	FF	377	

Literaturhinweise

AHO, Alfred V.; HOPCROFT, John E.; ULLMAN, Jeffrey D.:
Data Structures and Algorithms; Addison-Wesley, New York

AUPPERLE, Martin:
Turbo Pascal 6.0; Einführung in die objektorientierte Programmierung; Vieweg Verlag, Wiesbaden

FISCHER, Otto:
Turbo Pascal 6.0; Turbo Vision: Einsatz und Programmierung; te-wi Verlag, München

HOGAN, Thom:
Die PC-Referenz für Programmierer; SYSTHEMA-Verlag, München

LIEBETRAU, Anton:
Turbo Pascal von A..Z; Vieweg-Verlag, Wiesbaden

NORTON, Peter; SOCHA, John:
Peter Norton's Assemblerbuch; Eine meisterhafte Einführung in die Maschinensprache-Programmierung; Markt & Technik, Haar bei München

NORTON, Peter; WILTON, Richard:
Peter Nortons neues Programmierhandbuch für IBM PC und PS/2; MICROSOFT PRESS/Vieweg-Verlag, Wiesbaden

SEDGEWICK, Robert:
Algorithms; Addison-Wesley, New York

SMODE, Dieter:
Das große DOS-Profi-Arbeitsbuch; Die Interna von PC-DOS und MS-DOS; Franzis-Verlag, München

TISCHER, Michael:
PC intern 3.0; Systemprogrammierung; DATA BECKER, Düsseldorf

TISCHER, Michael:
Turbo Pascal 6.0 intern; DATA BECKER, Düsseldorf

WIRTH, Niklaus:
Algorithmen und Datenstrukturen; Teubner-Verlag, Stuttgart

Nachwort

Die Anstrengungen auf dem Gebiet der künstlichen Intelligenz sind enorm; jeder, der sich vor einem durchbrechenden Erfolg fürchtet, glaubt vielleicht, daß bald eine Maschine aus Stahl und Kunststoff die Bestsellerliste der Belletristik anführen, die Kunstfreunde in Ausstellungen lokken und als Band-Mitglied in einem Jazz-Quartett zuverlässig am Baß improvisieren wird.

Ich behaupte, daß es nicht einmal gelingen wird, eine Maschine zu bauen, die fähig ist, jeden ihr vorgesetzten Dreisatz zu lösen:

a) Ein Tisch mit vier Beinen wackelt während des Mittagessens achtzehn Mal. Wie oft würde ein Tisch mit drei Beinen wackeln?
b) Fünfzig schwarz gekleidete Männer mit roten Halstüchern tragen miteinander einen Granitblock von zwei Tonnen und brechen nach zehn Metern zusammen. Wie weit kommen drei Männer?
c) Dreizehn Karotten kosten im Quartierladen sFr. 8.50. Wie teuer kommt es Sie zu stehen, wenn Sie die doppelte Menge im Supermarkt stehlen und sich dabei erwischen lassen?
d) Zwei Eier werden auf kleinem Feuer in einer Stunde zu Stein. Wie lange müssen drei Steine gekocht werden, damit sie zu Eiern werden?
e) Max und Moritz kaufen sich ein Büchergestell und benötigen für den Zusammenbau zwei Tage und dreizehn Stunden. Wie lange hätte Wilhelm Busch gebraucht, um eine verständliche Bauanleitung zu zeichnen?
f) Bei der Firma Sarkoph AG hasten fünfzehn Laufburschen für einen Stundenlohn von sFr. 10,30 hin und her. Wie niedrig müßte der Stundenlohn angesetzt werden, damit sie während der Arbeit nur noch bummeln würden?

Der Dreisatz gehört sicherlich zu den einfacheren Dingen der Mathematik und kann bereits von Jugendlichen korrekt gelöst werden (auch die "unechten" Dreisätze). Das korrekte Lösen erfordert etwas allgemeines Wissen, Verstand, Logik und das Beherrschen der mathematischen Grundoperationen.

Der Computer kann über Wissen und Logik verfügen, Dividieren und Multiplizieren in Windeseile, Verstand haben wird er jedoch nie.

Sachwortverzeichnis

F

G

H

I

K

L

M

O

P

R

S

T

U

V

W

Z

Grafikprogrammierung mit Turbo Pascal 6.0

Grundlagen, 3D-Grafik, Animation

von Andreas Bartel

1992. XIV, 154 Seiten mit Diskette. Gebunden.
ISBN 3-528-05206-6

Das Buch bietet dem Leser eine grundlegende Einführung in die faszinierende Thematik der bewegten Computergrafik und der grafischen Animation. Ohne Umschweife werden die mathematischen Grundlagen der vektororientierten Grafikprogrammierung jeweils anschaulich und praxisgerecht in eindrucksvolle Grafikprogramme unter Turbo Pascal umgesetzt. Die notwendigen theoretischen Grundlagen aus dem Bereich der Mathematik werden anhand aussagefähiger Illustrationen stets plastisch dargestellt.

Verlag Vieweg · Postfach 58 29 · D-6200 Wiesbaden